kořeny

PRAG

N
W—O
S

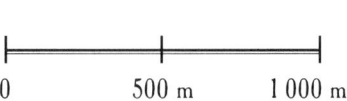

0   500 m   1 000 m

SAGEN
AUS DEM
ALTEN PRAG

SAGEN
AUS DEM
ALTEN PRAG

nach der Überlieferung erzählt
von Magdalena Wagnerová

Die Gründung der Stadt inmitten des böhmischen Beckens, an den Ufern der Moldau, war eine glückliche Wahl, mögen ihr sonst auch vom Schicksal nicht immer nur glückliche Zeiten beschieden gewesen sein. Prag war von jeher ein wichtiger kultureller, wirtschaftlicher und politischer Knotenpunkt in Europa. Hier kam das östliche slawische Element in Berührung mit der westlichen Zivilisation, hier begegneten einander über Jahrhunderte hin bedeutendste Gedanken und Interessen. Bereits im 14. Jahrhundert gehört Prag, wo Karl IV. als böhmischer König und römischer Kaiser seinen Herrschersitz hat, zu den führenden europäischen Metropolen...

Josef Kroutvor: Praha, město ostrých hran
[Prag, Stadt der scharfen Kanten]

1
DIE GRÜNDUNG PRAGS

Lang ist es her, dass die Moldau durch Wildnis floss, sich durch Felsklüfte zwängte und kaum je ein menschliches Auge ihre Ufer erblickte. Doch eines Tages machten die Boten des mythischen Fürsten Krok Halt vor den Steilfelsen, die hoch über den Fluss aufragten, stiegen hinauf und da sie vom ersten Augenblick Gefallen an diesem Ort fanden, kehrten sie später hierher zurück, mit ihrem Fürsten, seiner Gefolgschaft und

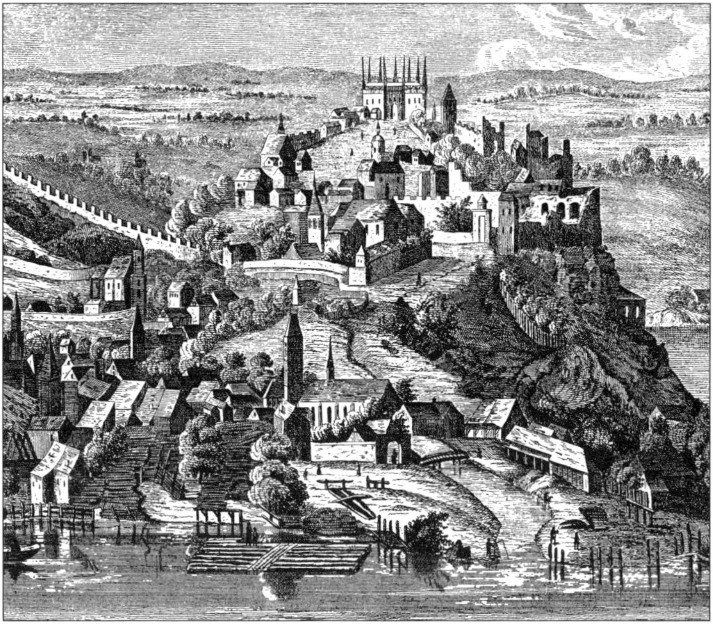

Vyšehrad, zeitgenössischer Stich

9

allem Volk. Der Fürst ließ den Wald roden und errichtete auf dem hohen Fels eine Burg. Der Vyšehrad war geschaffen.

Die Zeit ging dahin, Fürst Krok zeugte drei Töchter. Kazi ließ sich in Osegg (Osek) nieder, Teta gab ihrer Burg nahe der Mies den Namen Tetín und der Vyšehrad fiel Libuše (Libussa) zu. Libuše, so sagt man, war nicht nur sehr weise, sondern auch mit seherischen Fähigkeiten begabt und wusste nicht nur um die Gegenwart, sondern kannte sich auch in der Zukunft aus. Und so konnte sie eine vernünftige und gerechte Herrschaft üben. Als schließlich die Zeit reif war, holte sie Přemysl den Pflüger als ihren Gemahl auf die Burg.

Einmal stand Fürstin Libuše wieder an den Zinnen des Vyšehrad und sah von der Höhe zur Moldau hinab. Vielleicht betrachtete sie die untergehende Sonne, die sich auf den Wellen des Flusses spiegelte, vielleicht aber hing sie auch nur dem Gedanken nach, welchem Schicksal ihr Volk entgegengehe, doch auf einmal schweifte ihr Blick in die Ferne und die Fürstin sprach: „Ich sehe eine große Stadt. Ihr Ruhm wird einst bis zu den Sternen reichen!"

Ihre Diener zögerten nicht und brachen in der gewiesenen Richtung auf. Sie querten den Fluss und zogen weiter durch einen tiefen Wald. Sie wussten, dass sie einen Mann bei fleißiger Arbeit finden würden, denn das hatte Libuše geweissagt.

Und so erfüllte es sich. Die Boten erreichten die Ebene unter dem Hang, der heute Laurenziberg oder Petřín heißt, und als sie einen Mann gewahrten, der eine Schwelle für seine Heimstatt hobelte, hielten sie an. Später entstand hier eine Burg mit ausgedehnter Burgsiedlung, von hohen Mauern und einem tiefen Graben umgeben, damit dieser Ort sicher wäre und dem Ansturm der Feinde dauerhaft standhielte.

Die Stadt bekam den Namen Praha, denn *práh* ist das tschechische Wort für Schwelle. Und wie sich die Menschen früher vor der Schwelle verneigten, bevor sie ins Haus traten, verneigen sie sich bis heute vor der Schönheit und dem Ruhm dieser Stadt, deren Gründung auf eine Prophezeiung der Fürstin Libuše zurückgehen soll.

Wer weiß, ob sich der Name der Stadt tatsächlich von der Schwelle herleitet, die jener Mann am Fuße des Laurenzibergs fertigte. Manch einer glaubt es, manch einer nicht. Andere vermuten, Prag habe seinen Namen von den Schnellen und Felsschwellen in der Moldau oder aber daher, dass man hier, um zu siedeln, Wald roden musste, genauer gesagt brandroden, tschechisch *vpražit*. Und wieder andere meinen, der Name Prag leite sich von der Beschaffenheit des Hradschin her, wo sich die erste Burgstätte befunden habe: Der Bergrücken sei trocken und dürr, *vyprahlý*, wie man auf Tschechisch sagt. Wie auch immer, Prag ist bis heute eine lebendige Stadt, und die Menschen, woher sie auch kommen mögen und welcher Version der alten Gründungssage sie Glauben schenken, verneigen sich vor ihrer Schönheit.

2
DIE KIRCHE MARIA TEYN

Heute lässt sich kaum mehr eindeutig bestimmen, welche Kirche in Prag wirklich die älteste ist. Doch die Spur verschiedener Sagen führt auf die Kirche Maria Teyn, also auf den heutigen Altstädter Ring. Eine ganze Reihe historischer Zeugnisse bestätigt das. Sie verweisen auf das rechte Moldauufer, wo das alte Prag angeblich seine Wurzeln hat.

Zahlreiche Quellen führen an, dass sich an genannter Stelle ursprünglich eine romanische Kirche befand, die im Laufe der Zeit durch einen gotischen Bau ersetzt wurde, und dem entsprechen auch die archäologischen Funde.

Ein Heiligtum aus ferner heidnischer Zeit lässt sich in der Nähe des Hauses lokalisieren, in dem die Fürstin Ludmila wohnte. Es war eine schwierige Zeit; unter der Herrschaft von Fürstin Drahomíra waren christliche Gottesdienste in der Kirche verboten, und so kam die fromme Ludmila mit ihrem Enkel, dem späteren Fürsten Wenzel, noch vor Tagesanbruch durch einen geheimen Gang in die Kapelle unter der Kirche, wo ein Priester für sie, von den anderen unbemerkt, die Frühmesse las.

Auch heute erschließt sich unserem Blick sofort, dass Teynkirche und Altstädter Ring von jeher in wechselseitigem Bezug stehen. Die Geschichte dieser beiden bedeutenden Orte ist ineinander verflochten, das Schicksal des einen war mit großer Wahrscheinlichkeit immer auch ein Stück Schicksal des anderen. Dort, wo heute die Teynkirche steht, befand sich vorher wohl eine Spitalkapelle. Das Spital war vor allem für die Fremden errichtet worden, die zum Markt in die Stadt kamen. Wahrscheinlich existierte hier bereits im 11. Jahrhundert ein ummauerter

Kaufmannshof oder Teyn – ein mit hölzernen Wehranlagen befestigter Hof, in dessen Kellerräumen die Waren gelagert wurden.

Später wuchs aus der Kapelle des Teynspitals die dreischiffige Stadtkirche empor. Die Teynkirche als solche wurde von Karl IV. gegründet. Schließlich kaufte man das benachbarte Haus hinzu und der Bau der großen Kirche konnte beginnen. Historische Quellen berichten, dass 1437 für die Errichtung des neuen Dachstuhls Holz antransportiert wurde, doch wie es im Leben so geht, das Holz wurde letztendlich für andere Zwecke genutzt – für die Errichtung eines dreistöckigen Galgens. Hier wurden die böhmischen Herren gehenkt, die sich Roháč von Dubá angeschlossen hatten. Das Dach für die Teynkirche wurde erst zwanzig Jahre später gezimmert, und zwar aus dem Holz, das eigentlich für ein Gerüst gedacht war, auf dem anlässlich der Hochzeit Ladislav Pohrobeks mit der Tochter des französischen Königs

Ältestes Siegel der Prager Altstadt

13

Tanz- und Ritterspiele stattfinden sollten. Aber der König starb, die Festlichkeiten wurden abgeblasen und das Holz für den Weiterbau der Teynkirche verwendet.

Von eigenem Reiz ist die Geschichte um eine der Teynglocken:

Einst lebte in der Teynpfarre eine reiche Adlige. Je mehr ihr Vermögen wuchs, desto härter wurde ihr Herz. Für die Armen hatte sie nur Verachtung, sie drangsalierte die Dienerschaft und Mitgefühl war ihr fremd. Niemanden wunderte es, dass ihre Kammerzofen wechselten wie das Wetter. So kam es, dass die Dame auch ein sehr einfaches, sehr freundliches und frommes Mädchen vom Land in ihre Dienste nahm. Und obwohl sich das Mädchen nach besten Kräften bemühte, war die Herrin auch mit ihrm nicht zufrieden. Eines Abends, als das Mädchen die Herrin für eine Gesellschaft kleidete, setzte die Teynglocke mit dem Vesperläuten ein. Das Mädchen ließ von seiner Arbeit ab und faltete die Hände zum Abendgebet. Das erzürnte die Herrin so sehr, dass sie die arme Zofe am Hals packte und würgte, bis sie tot war. Der Körper glitt kraftlos zu Boden und die Herrin erkannte, was sie getan hatte. Aber es war zu spät, sie rief das Mädchen nicht ins Leben zurück. Es kam zum Prozess, die reiche Dame nahm sich einen klugen Anwalt und das Gericht sprach sie frei. Dennoch meldete sich mit der Zeit das Gewissen der Mörderin. Sobald sie die Kirchenglocken vernahm, stand ihr die schreckliche Tat vor Augen. Sie begann zu kränkeln und schwand buchstäblich vor den Augen der Leute dahin. Als die Last des Gewissens schließlich unerträglich wurde, beschloss sie, ins Kloster zu gehen, um dort, abgeschieden von den Freuden der Welt, für ihre Sünden Buße zu tun. Zuvor jedoch ließ sie eine Glocke gießen, deren Klang an ihre klagende Stimme erinnerte, und schenkte sie der Teynkirche, denn mit dieser Glocke sollte man zum Gedächtnis des armen Mädchens zum Abendgebet rufen.

3
DER UNGELT

Wer immer durch die verschlungene, enge Teyngasse geht, verspürt den Hauch alter Zeiten, denn er befindet sich wenigstens für einen Augenblick in dem wirklich alten Prag, in jenem Prag, wie es vor vielen hundert Jahren gewesen ist. Auch wenn die Häuser zahlreiche Veränderungen hinnehmen mussten, neuen Verputz und neu gedeckte Dächer vorweisen, ihr Gemäuer, ihre Gewölbe und Portale legen auch heute noch ein beredtes Zeugnis ab, dass sie aus längst vergangenen Zeiten stammen.

Früher befand sich in diesem Bereich ein Markt, der irgendwann im Laufe des 10. Jahrhunderts gegründet worden war. Man muss wohl annehmen, dass die böhmischen Fürsten den Bedürfnissen der Kaufleute, die aus ferneren und auch fernen Städten nach Prag kamen, entgegenkommen wollten. Sie sollten nicht nur Lagerraum für ihre Waren haben, sondern auch eine Stätte, um ihr Haupt zu betten – von daher erklärt sich der Name Fronhof, der neben den Bezeichnungen Fröhlicher Hof und Ungelt gebräuchlich war. „Fron" nämlich ist ein altes deutsches Wort für „Herr".

Gerade der Name Ungelt verweist darauf, dass sich hier unter anderem auch eine Wechselstube befunden haben muss, wo man Währungen gegeneinander tauschen konnte. Wo der Name Fröhlicher Hof seinen Ursprung hat, liegt auf der Hand, denn an Unterhaltung war bei der großen Zahl von Kaufleuten, die hier verkehrten, keine Not. Aus aller Herren Länder kamen sie im Teynhof zusammen, aus Genua und Venedig, dazu deutsche, jüdische, polnische und selbst französische Kaufleute. Hier

15

konnte man Kleider aus Venedig kaufen, Mandeln und Feigen aus Griechenland, Gewürze aus fernen Regionen, flämische Stoffe, Purpursamt und Pelze aus Polen. Den ausländischen Kaufleuten war eine Frist von fünf Tagen gewährt. Wenn sie bis dahin ihre Waren nicht ausgeladen und den Handel eröffnet hatten, mussten sie abziehen. Für Lebensmittel galt eine Frist von drei Tagen. Im Ungelt durften nur Bürger aus Böhmen und Mähren kaufen. Zu diesem Zweck hatten die Prager Ratsherren eine Art Vermittler bestellt, der sich bei seiner Ehre verbürgen und auch eine bestimmte Summe hinterlegen musste. Wenn er dennoch eine Unehrenhaftigkeit beging, d.h. zu einem nicht erlaubten Kauf oder Kredit verhalf, hatte er sich des Meineids schuldig gemacht und wurde mit der Zunge an der Säule auf dem Platz festgenagelt. Und dort musste er sich, wollte er freikommen, selbst losreißen.

Über den Ungelt gibt es eine interessante Geschichte aus den Zeiten Rudolfs II.:

Das alles ist so lang her, dass niemand wirklich sagen könnte, ob es sich tatsächlich genau so zutrug, wie überliefert ist. Sicher ist jedoch, dass damals auf der Prager Burg Rudolf II. residierte und im Teyn am Altstädter Ring Fremde aus allen Himmelsrichtungen zusammenkamen. Mitunter kam es vor, dass der Wirt vom Ungelt schon alle Zimmer vergeben hatte, aber immer noch weitere Reisige eintrafen, die sich dann ein Nachtlager in der Nachbarschaft suchen mussten. So nahm einmal ein Kaufmann aus dem fernen Padua bei einem Stellmacher Unterkunft, dessen Familie schon über Generationen in der Nähe des Ungelt ansässig war. Der Stellmacher beherbergte den jungen Fremden, stellte ihm seine Frau und seine drei Söhne vor, lud ihn zu Tisch und erzählte, damit ihm der Abend nicht lang werde, mancherlei über das Stellmacherhandwerk.

Ed. Herold: Im Teynhof (Westseite mit Blick auf die Kirche Maria Teyn)

Nach einigen Tagen erkrankte die Frau des Stellmachers, aber niemand konnte sagen woran. Die Ärzte schüttelten ratlos den Kopf, der Frau des Stellmachers aber ging es mit jedem Tag schlechter. Die Familie hatte beinah schon alle Hoffnung verloren, da bat der Kaufmann aus Padua, ob er sie nicht behandeln dürfe. Er besorgte verschiedene Heilkräuter und kochte über drei Tage hin einen Sud, mit dem er die Kranke tatsächlich heilte. Die Zeit ging dahin und es kam der Tag, an dem der Kaufmann alle seine Waren verkauft hatte. Seine Abreise nach Padua stand

17

bevor. Der Kaufmann wollte für Herberge und Verpflegung bezahlen, aber der Stellmacher nahm sein Geld nicht an. Er bat den Kaufmann vielmehr, er möge von nun an dies Haus als das seine betrachten und anklopfen, wann immer ihn sein Weg hier vorüberführe – beim Stellmacher würde er stets Quartier finden. Der Kaufmann dankte, nahm Abschied und schenkte der Frau des Stellmachers zur Erinnerung drei sonderbare Kerzen. „Solange sie mit ruhiger, klarer Flamme brennen", sagte er, „müsst ihr um eure Söhne nicht bangen." Und reiste ab.

Die Jahre gingen ins Land, Krieg brach aus, und der Älteste machte sich auf, um in Ungarn zu kämpfen. Die Stellmachersfrau entzündete die erste Kerze und beobachtete Abend für Abend ängstlich die Flamme. Eines Tages verlosch die Kerze und bald darauf kam die Nachricht, der Sohn sei auf dem Schlachtfeld gefallen.

Inzwischen war der zweite Sohn herangewachsen und der Sinn stand ihm nach Abenteuern. Vergeblich redeten die Eltern auf ihn ein, der Junge gab nichts auf ihre Bitten und machte sich auf in die Welt. Die Stellmachersfrau entzündete die zweite Kerze und beobachtete Abend für Abend ängstlich die Flamme. Am siebten Tag loderte sie empor, loderte drei Tage und drei Nächte, bis sie zum Entsetzen der ganzen Familie verlosch. Bald darauf kam die Nachricht, der zweite Sohn des Stellmachers sei in der Fremde erkrankt, drei Tage und Nächte habe er mit hohem Fieber gekämpft und sei der Krankheit dann doch erlegen.

Der Jüngste übernahm das Handwerk des Vaters, und eines Tages musste er sich mit seiner Ware aufmachen nach Wien. Die Stellmachersfrau entzündete die dritte Kerze. Die Flamme brannte zunächst ruhig und klar, nach einer Woche aber loderte sie hoch wie bei dem mittleren Sohn, der in der Fremde erkrankt war. Der alte Stellmacher säumte nicht einen einzigen Augenblick und machte sich auf den Weg nach Wien. Er fand den

Sohn im Spital, übel zugerichtet von einem scheuenden Pferd. Die Ärzte hatten den Stab über ihn schon gebrochen. Da erinnerte sich der alte Stellmacher an den Kaufmann aus Padua, der einst seiner Frau das Leben gerettet hatte. Er besorgte sich also Kräuter und kochte über drei Tage hin einen Sud, mit dem er seinen Jüngsten zu aller Erstaunen tatsächlich heilte. Die beiden kehrten nach Hause zurück, der Sohn heiratete bald und der alte Stellmacher freute sich seiner Enkel. Gern hätte er dem Kaufmann aus Padua für alles gedankt, der aber hat sich im Ungelt nie mehr gezeigt.

4
DIE ALTSTÄDTER
ASTRONOMISCHE UHR (ORLOJ)

Das eigentliche Herz jeder Stadt ist das Rathaus. Und wie der Mensch sein Herz pflegt, so pflegen die Ratsherren das Rathaus. Auch die Prager Ratsherren am Ende des 15. Jahrhunderts waren da keine Ausnahme. Das politische und kulturelle Leben der Stadt konzentrierte sich zu Beginn des 12. Jahrhunderts im Altstädter Rathaus. Im Laufe der Zeit legten die Ratsherren mehr und mehr Wert darauf, dass ihr Rathaus einer so bedeutenden und schönen Stadt wie Prag auch würdig wäre. Das Gebäude wuchs Stück um Stück, in dem Maße, wie die Stadt ein um das andere Haus dazukaufte, und je vielgestaltiger sich das Gebäude präsentierte, desto mehr schlossen es die Tschechen ins Herz. Und als erst die Astronomische Uhr, der so genannte Orloj, das Rathaus zierte, war es tatsächlich der Stolz der Stadt. Als Schöpfer des Orloj galt irrtümlich Meister Hanuš, Rose (Růže) genannt, ein böhmischer Uhrmacher und Magister der Mathematik an der Karlsuniversität. Er jedoch hatte die Astronomische Uhr nur verfeinert und über dreißig Jahre alle nötigen Reparaturen besorgt. Später stellte sich dann heraus, dass der eigentliche Schöpfer – des damals freilich noch viel einfacheren Uhrwerks – ein anderer Uhrmacher gewesen war, ein gewisser Nikolaus aus Kaaden (Kadaň). Er hatte die Astronomische Uhr bereits um 1410 konstruiert.

Um seine Astronomische Uhr wurde Prag in ganz Europa beneidet. Sie zeigt die Jahre an, die Monate, Tage, Stunden, den Auf- und Untergang von Mond und Sonne und selbst den

Tierkreis. Doch damit nicht genug: Über dem Zifferblatt sind bewegliche Figuren installiert, so dass sich dem Betrachter zudem ein staunenswertes Schauspiel bietet. Ein Knochenmann ist hier zu sehen, der jede Stunde läutet, ein Türke, der seinen Kopf hin und her dreht, ein eitler Geck, der sich im Spiegel besieht, ein Geizhals, der seinen Geldsack schüttelt, wie alle Geizhälse dieser Welt. Zwischen zwei Fensterchen wacht ein Engel und jede volle Stunde tut sich eines der Fensterchen auf, die zwölf Apostel zeigen sich, verneigen sich zum Altstädter Ring hinab, um dann hinter dem anderen Fensterchen zu verschwinden. Den Abschluss der Prozession bildet Christus, mit seiner Rechten den

L. Kohl: Der Altstädter Ring zu Beginn des XIX. Jahrhunderts

21

Segen erteilend; das zweite Fensterchen schließt sich, eine weitere Stunde hat geschlagen.

Nach dem Tod von Magister Hanuš – um 1497 – stand der Orloj lange still. Die Legende erzählt, dass dies kein Zufall war. Der Orloj war in der Tat der Stolz des Rathauses und der ganzen Stadt. Aus ganz Böhmen und Mähren, doch auch aus anderen Ländern kam man, um ihn zu bewundern, und so war zu erwarten, dass früher oder später jemand Interesse zeigen und Magister Hanuš bitten würde, ein ähnliches Uhrwerk für ein anderes Rathaus in einer fernen, fremden Stadt anzufertigen. Die Prager Ratsherren fürchteten, um ihr Unikat gebracht zu werden, und versuchten dem vorzugreifen. Obwohl Magister Hanuš beteuerte, dass er die Stadt Prag nie verraten und die Pläne für die Anfertigung eines ähnlichen Mechanismus nie an jemanden verkaufen würde, waren sich die Ratsherren seiner Versprechen doch nicht sicher. Ein schrecklicher Plan wurde geboren. Eines Nachts drangen zwei gedungene Männer, das Gesicht verhüllt, bei Magister Hanuš ein und blendeten den unglücklichen Uhrmacher. Nur so konnten sich die Ratsherren völlig sicher sein, dass er keine weiteren Pläne für die Konkurrenz zeichnen würde und dass ihr Wunder – wie der Altstädter Orloj von den Leuten genannt wurde – weiterhin eine Einzigartigkeit Prags bliebe.

Magister Hanuš lag viele Tage im Fiebertraum, die Wunden wollten nicht heilen, doch schließlich hatte er das Schlimmste überstanden. Es wollte ihm nicht eingehen, in wessen Interesse es liegen könne, einen alten Menschen zu blenden, der lediglich die Astronomische Uhr der Stadt instand hielt. Aber wie es so ist, die Wahrheit kam Hanuš schließlich zu Ohren, und er sann auf Rache. Eines Tages ließ er sich zu seinem geliebten Orloj führen, glitt ein letztes Mal mit den Fingern über die Mechanik, zog an

22

einem Hebel, und das Uhrwerk blieb langsam stehen und verstummte.

Magister Hanuš starb kurz darauf und nahm das Geheimnis des Orloj mit ins Grab. Der Altstädter Orloj stand über lange Jahre still. Unter den Leuten ging das Gerücht um, er werde so lange schweigen, bis die schreckliche Tat der Prager Ratsherren vergessen sei.

5
DER ROSSMARKT

Als die Prager Neustadt gegründet wurde, wäre niemandem eingefallen, dass man das Areal des heutigen Wenzelsplatzes später wirklich einmal als Platz bezeichnen würde. Es war für alle der Rossmarkt. Dieser Markt war vor allem dem Pferdehandel vorbehalten, aber auch dem Verkauf verschiedenster anderer landwirtschaftlicher Erzeugnisse. Durch die Nähe des Altstädter Rings avancierte der Rossmarkt bald zum wichtigsten Neustädter Markt, an dem sich aller Handel konzentrierte. Der ursprüngliche Name, den der Platz gewissermaßen seiner Bestimmung verdankte, war bis ins Revolutionsjahr 1848 üblich, als man den größten Prager Boulevard feierlich in Wenzels-

Rossmarkt mit der ursprünglichen Statue des heiligen Wenzel

platz umbenannte. Er ist die Hauptschlagader der böhmischen Metropole, und seine Dominante bildet zweifellos das Nationalmuseum, das still und weise auf das Geschehen unter sich blickt. Nicht zu trennen vom Museumsgebäude ist die Statue des wichtigsten böhmischen Landespatrons – des heiligen Wenzel. Es ließe sich wohl kaum zählen, wie viele bedeutende nationale Ereignisse sich hier abgespielt haben, für wie viele Menschen gerade dieses Denkmal das Symbol Prags schlechthin ist und wie viele junge Paare sich gerade unter dem heiligen Wenzel verabredet haben…

Vormals befand sich auf dem Wenzelsplatz ein barockes Denkmal aus Stein von J. J. Bendl, dass dann von der neuen Bronzestatue aus der Werkstatt des berühmten tschechischen Bildhauers J. V. Myslbek ersetzt wurde. Fürst Wenzel aus dem Geschlecht der Přemysliden, den die Statue darstellt,

Kutina: Blick vom ehemaligen Rossmarkttor auf den Wenzelsplatz und zum Hradschin hin

ist freilich vor allem Symbol – Symbol der tschechischen Nationalität.

Fürst Wenzel war ein aufgeschlossener Herrscher. Er lebte ungefähr zwischen 907 und 935, förderte die Ausbreitung des Christentums, gründete die Rotunde des hl. Veit auf der Prager Burg und während seiner Herrschaft versuchte die Macht der Přemysliden zu festigen. Sein Bruder Boleslav I. veranlasste – wohl aus politischen Gründen – seine Ermordung. Der Leichnam wurde in die spätere Veitskathedrale überführt, die damit zum Zentrum des Wenzelskultes wurde. Seit dem 10. Jahrhundert wird Wenzel als Heiliger verehrt. Um Leben und Märtyrertod des Fürsten entstanden viele Legenden.

Wenzelssiegel

26

Die bekanntesten Wenzelslegenden erzählen davon, dass der heilige Fürst noch immer lebt – er wartet mit seinen tapferen Rittern im Innern des mythischen Bergs Blaník, auf dem man noch heute im Schatten hoher Bäume die Überreste einer steinernen Befestigung erkennen kann. Im Innern des Berges schlummert das Heer des heiligen Wenzel. Wenn es dem tschechischen Volk so schlecht gehen wird, dass es schlechter nicht sein kann, wird es erwachen, der Blaník wird sich auftun, und die Ritter eilen in vollem Harnisch den Tschechen zu Hilfe, allen voran auf einem weißen Pferd und mit Banner der heilige Wenzel.

Eine große Schlacht wird stattfinden und der heilige Wenzel mit seinen Rittern wird alle Fremden und Feinde aus Böhmen vertreiben. Erst dann kehrt heilige Ruhe ein und Böhmen wird sich erholen. Zwar werden viele Tschechen im Kampf ihr Leben lassen, aber die, die überleben, werden aus ihren Fehlern und denen der Vorfahren lernen und ihr Land weise regieren bis ans Ende der Zeit.

6
DIE KATHEDRALE ST. VEIT

Der heilige Märtyrer Veit starb um das Jahr 305 während der Christenverfolgung durch Diokletian. Verehrt wird er in fast allen europäischen Ländern; in Böhmen wurde sein Ruhm vor allem durch den heiligen Wenzel befördert, der einen Teil seiner Gebeine in der ihm geweihten Prager Hauptkirche beisetzen ließ… Als nämlich Wenzel von König Heinrich dem Vogeler einen Schulterknochen des heiligen Veit erhielt, beschloss er, zum Ruhm dieses Märtyrers auf der Prager Burg eine Kirche zu gründen, die höher und prachtvoller als alle bisherigen Kirchen der Stadt sein sollte. Die Fundamente dieses Gotteshauses hat man im Querschiff der heutigen Veitskathedrale entdeckt, ganz in der Nähe der Wenzelskapelle. Es handelte sich um einen Bau mit kreisförmigem Grundriss, vergleichbar den anderen Prager Rotunden.

Im Zusammenhang mit der Gründung dieser ersten Veitskirche berichten die Legenden, dass Wenzel, kaum dass der Bau vollendet war, alle Mühe daran setzte, dass er auch rasch geweiht würde. Er rief daher den Bischof aus Regensburg – Böhmen gehörte damals zur dortigen Diözese. Der Bischof war jedoch schon hochbetagt, das Reisen strengte ihn an, und so schob er sein Kommen hinaus. Wenzel aber gab nicht nach, dem greisen Bischof blieb schließlich nichts übrig, als sich tatsächlich nach Prag zu begeben. Als er dort aus dem Fürstenpalast trat, um in die Kirche hinüberzugehen, stellte sich auf dem klaren Himmel ein silbernes Wölkchen ein und schickte einen leichten Regen auf das neue Gotteshaus nieder. Da sprach der Bischof bewegt zum Fürsten: „Warum hast du mich nach Böhmen gerufen, warum musste ich eine solch lange Reise erwägen, wenn nun Gott selbst

B. Roubalík: Veitskathedrale

K. Liebscher: Blick auf die Burg von Osten

die Kirche geweiht hat? Lasst uns nun eintreten in das Heiligtum, um Gott für dieses Zeichen zu danken. Dies göttliche Zeichen kann gewiss nur eines bedeuten, nämlich dass dieses Gotteshaus dem Volk das liebste sein und ewig Bestand haben wird.

In jeder Stadt steht eine Kirche, deren Turm der höchste von allen Kirchtürmen dort ist. Nicht anders im „hunderttürmigen Prag". Der Turm, der alle anderen überragt, ist der Turm von St. Veit. Er misst 99 m und birgt in seinem Innern die größte Glocke Böhmens; sie heißt Sigmund und wiegt 18 Tonnen. Wie aber bekommt man ein so gewaltiges Gewicht hinauf in den höchsten Prager Kirchturm? Auch heute wäre das nur unter Aufbietung aller Kräfte zu meistern, um wie viel schwerer musste dies also im 16. Jahrhundert gewesen sein! Und so kam folgende Legende in Umlauf:

Als die große Glocke gegossen war, zog ein Gespann mit sechzehn Paar Pferden sie auf die Burg hinauf, aber hinauf in den

J. Stibal: Blick auf die Burg vom Säulengang des Belvedere

Turm – das war eine andere Sache. Seile und Riemen rissen, die Pferde bäumten sich. Kurz, es schien unmöglich, die Glocke auf den Turm zu ziehen. Der König, der das Geschehen vom Fenster seines Palastes verfolgte, war verzweifelt. Nur ungern wollte er eingestehen, dass er zwar die größte Glocke im Land hatte gießen lassen, dass diese aber niemals läuten würde. Das konnte seinem Ansehen ernstlich Abbruch tun… Da ergriff die Prinzessin das Wort, die kluge und gebildete Tochter des Königs, und bat um ein paar Tage Geduld. Sie werde vielleicht eine Lösung finden.

Der König wunderte sich sehr. Wenn sich die Baumeister mit der Glocke keinen Rat wussten, wenn selbst sechzehn Paar Pferde sie nicht auf den Turm ziehen konnten, wie sollte da ein zartes Mädchen Abhilfe schaffen, mochte es auch eine Prinzessin sein. Die aber gab nicht nach, bis sie den Vater überredet hatte.

Am nächsten Tag schloss sie sich mit all ihren Hofdamen in ihrer Kemenate ein, schnitt ihnen das lange Haare ab und flocht daraus ein starkes Seil. Dann rief sie die geschicktesten Tischler und Schmiede herbei, die unter ihrer Anleitung eine raffinierte Maschine bauten. Die Prinzessin ließ sie auf den Hof direkt unter den Turm von St. Veit schaffen.

An dem Tag, als man zum zweiten Mal versuchen wollte, die Glocke auf den Turm hinaufzuziehen, versammelten sich die neugierigen Prager in großer Schar auf der Burg. Alle wollten dabei sein, wenn die Prinzessin das Unmögliche versucht. Umso größer war die Verwunderung, als die Arbeiter an der Glocke ein Seil einhängten, das aus echtem Haar geflochten war, und Sigmund mithilfe der staunenswerten Maschine nach oben zu steigen begann. Das Volk hielt den Atem an, der König schloss lieber die Augen. Als Sigmund das Gerüst erreicht hatte, das um das Fenster des Turms errichtet worden war, begann es in der Menge zu raunen, und der König öffnete seine Augen wieder.

Er sah die bereiten Hände der Arbeiter oben im Turm, wie sie ohne größere Schwierigkeiten die Glocke zu sich hineinzogen, sicher an Ort und Stelle verankerten und ein erstes Mal in Schwingung versetzten. Ihr majestätischer Klang flog über Prag hin, das Volk begann zu jubeln und der König atmete auf. Sein königliches Ansehen hatte keinen Schaden genommen.

7
DER TURM DALIBORKA

Jede richtige Burg besitzt eine Befestigung, jede richtige Burg besitzt auch ein Gefängnis. Die Befestigung der Prager Burg stammt aus dem 13. Jahrhundert, aus der Regierungszeit Přemysl Otakars II. Zu dieser Befestigung gehörten drei Türme, die ursprünglich der Verteidigung dienten, aber auch Übeltäter konnten dort festgesetzt werden…

Der erste Wehrturm, der schon im 14. Jahrhundert bei Bedarf als Kerker diente, heißt Mihulka, der zweite ist der Weiße Turm, der dritte trägt den Namen Daliborka, nach seinem ersten unglücklichen Bewohner, Dalibor von Kozojedy. Die Überlieferung erzählt, unter Vladislav II. habe der Ritter Adam Ploskovský von Drahonice sein Volk mit so schwerer Fron belegt, dass die Bauern sich erhoben, die Festung von Ploskov belagerten, ihren Herrn gefangen nahmen und ihn zwangen, sie aus der Leibeigenschaft zu entlassen. Als das geschehen war, unterstellten sie sich reiwillig dem milderen, freundlicheren Ritter Dalibor von Kozojedy.

So etwas konnte der Obrigkeit nicht gefallen, die nicht nur Aufruhr und unerwünschte Rebellion hinter all dem vermutete, sondern vor allem fürchtete, dass das Beispiel von Ploskov Schule machen und eine ganze Lawine von Unruhen ins Rollen bringen könnte. Dalibor von Kozojedy wurde daher nach Prag vor Gericht gerufen, man warf ihn ins Gefängnis, die Ritter von Drahonice aber bekamen ihren Besitz zurück und wurden in ihre alten Rechte eingesetzt.

Dalibor erwartete sein Urteil im Hungerloch der dunklen, kalten Daliborka. Er litt an Leib und Seele Not. Der Hunger quälte ihn, die Zeit war ihm lang, Sehnsucht und Angst schlichen sich

A. Kirnig: Der Turm Daliborka

35

in sein Herz. Und so bat er um eine Fiedel. Obwohl er das Spiel auf diesem Instrument nicht beherrschte, nahm er tapfer den Bogen zur Hand und entlockte den Saiten schreckliche Laute. Doch offensichtlich besaß er ein musikalisches Ohr, denn mit der Zeit wurden die Töne melodiöser und reihten sich schließlich zu den Weisen bekannter Volkslieder.

Bald fanden sich Menschen aus der ganzen Umgebung unter dem Turm ein, denn sie wollten dem Gefangenen lauschen, der sich in der düsteren Enge des Hungerturms das Fiedeln selbst so schön beigebracht hatte. Und Ritter Dalibor ließ einen Korb hinab, in den die ergriffenen Zuhörer Essen und warme Kleidung legten, um seine schlimmste Not eine Weile zu lindern.

Seither ist in Böhmen ein Sprichwort geläufig geworden: „Die Not lehrte den Dalibor fiedeln." Doch nichts ist von Dauer. Eines Tages war das Spiel verstummt, die Daliborka stand wieder in Schweigen gehüllt. Da wusste ein jeder, dass das Urteil gefällt und die Strafe vollstreckt war. Dalibor von Kozojedy war nicht mehr unter den Lebenden, man hatte ihn hingerichtet.

Doch über den Ursprung des Sprichworts „Die Not lehrte den Dalibor fiedeln" erzählt man auch anderes. Dalibor, auf die Folter gespannt, habe angeblich gestanden, das Volk gegen den Ritter von Drahonice aufgewiegelt zu haben. Auf der Streckbank, damals auch Fiedel genannt, habe Dalibor von Kozojedy schließlich gesprochen und seine Schuld bekannt, für die ihn eine harte Strafe traf.

8
DER WEIßE TURM

Zu den Wehranlagen der Prager Burg gehören zwei weitere Türme – der Weiße Turm, ursprünglich ein vierkantiger Zugangsturm, und etwas weiter nördlich der Bischofsturm. Der Weiße Turm befindet sich hinter der heutigen Burgkapelle, der Heiligkreuzkapelle, die sich nach Südosten hin in den Burghof schiebt. Auch in diesem Turm war, wie in der Daliborka, ein Gefängnis, in dem unter anderem Záviš von Falkenstein gefangen saß und später auch König Wenzel IV. Um die Mitte des 16. Jahrhunderts wurde der Turm erhöht, mit einer Astronomischen Uhr versehen, und zu Beginn des 17. Jahrhunderts erhielt er seinen Umgang.

Zu Zeiten der Kaiserin Maria Theresia, so wird erzählt, war im Weißen Turm eine junge Frau gefangen gesetzt, die ihren Mann erschlagen hatte, einen grausamen, jähzornigen Alten, der seine junge, schöne Frau auf Schritt und Tritt verfolgte und peinigte und krankhaft eifersüchtig auf jeden war, der sich in ihrer Nähe zeigte. Kein Wunder, dass sich die Frau einen jüngeren Liebhaber suchte und zusammen mit ihm eine andere Zukunft plante. Aber der Alte wollte und wollte nicht sterben, ganz im Gegenteil, mit den Jahren mehrte sich nicht nur sein Reichtum, auch Hass und Grausamkeit wuchsen. Und das trieb die verzweifelte Frau zum Verbrechen. Eines Abends, als der Mann sie ohne Grund fürchterlich prügelte, dingte sie einen Mörder und ließ ihren Mann ermorden. Lügen aber haben bekanntlich kurze Beine – die Wahrheit kam schließlich ans Licht. Der Geliebte sagte sich von der Unglücklichen los, um seinen Ruf und vor allem sein Leben zu retten, die junge

Frau aber warf man in den Weißen Turm, wo sie ihr Urteil erwartete.

Tage voll bitterer Angst und Verzweiflung folgten, in denen die Unglückliche, so sagt man, das Bild ihres Geliebten mit einem verkohlten Holzstrunk an die Kerkerwand malte, sein Herz aber malte sie mit ihrem Blut, und lange Stunden verbrachte sie so im Gespräch mit ihm, als säße er leibhaftig neben ihr, bis sie gänzlich um den Verstand gebracht war.

Damals galt, dass ein Schuldiger, der noch vor der Urteilsverkündung verrückt wird, nicht zum Tode verurteilt werden darf, egal welches Verbrechen er begangen hatte. Kein Sterblicher nämlich sollte da die Höchststrafe üben, wo das Schicksal schon eingegriffen hatte. Aber die Kaiserin hatte es in diesem Fall wohl übersehen, gut möglich auch, dass sie nichts davon wusste, und so billigte sie das Todesurteil.

Aber die Leute reden und erzählen und die Geschichten gehen von Mund zu Mund, und schließlich erfuhr auch Maria Theresia, dass sie den Stab über einer Verrückten gebrochen hatte. Die Kaiserin erschrak sehr und bedauerte, dass sie sich mit dieser Angelegenheit nicht gründlicher befasst hatte. Das Leben freilich konnte sie der unglücklichen Mörderin nicht zurückgeben. Doch sie fasste einen bedeutenden Entschluss, damit es künftig nicht mehr zu einem ähnlichen Irrtum käme – zeitlebens, so gelobte sie, wolle sie kein einziges Todesurteil mehr unterschreiben. Und angeblich hat sie ihr Wort tatsächlich gehalten.

Wie auch immer, fest steht, dass Maria Theresia sich als Kaiserin eine solche Geste erlauben konnte, ohne dass dies Einfluss auf

J. Koula: Blick aus den Königlichen Gärten auf die Nordseite des Schlosses oberhalb des Hirschgrabens

spätere Gerichtsverfahren gehabt hätte. Am kaiserlichen Hof fanden sich sicher Dutzende, die gern und ohne größere Skrupel für die Kaiserin unterzeichneten.

9
DIE LORETOKAPELLE

Der Name der Kirche hat seinen Ursprung im fernen, sonnigen Italien. Loreto ist einer der bekanntesten Wallfahrtsorte im mittleren Teil des Lands, nicht weit von Ancona, und berühmt wegen seiner Casa Santa. Der Überlieferung nach handelt es sich bei der Casa Santa um jenes Haus in Nazareth, in dem der Jungfrau Maria vom Erzengel Gabriel die Geburt Jesu verkündigt wurde. Zum Schutz vor den Ungläubigen, so die

J. Koula: Die Loretokapelle auf dem Hradschin

41

Legende, sei es auf wunderbare Weise zunächst nach Dalmatien und dann nach Italien gelangt. Dort wurde es ausgeschmückt und mit einer Kirche umbaut.

Nach dem Muster von Loreto entstanden vor allem in der Zeit des Barock in ganz Europa Marienwallfahrtsorte mit einer architektonisch ähnlichen Konzeption. So auch 1626 die Prager Loretokapelle. Das Gotteshaus wurde 1631 geweiht und nach und nach um neue bauliche Elemente und Anlagen ergänzt; der Kreuzgang kam hinzu, ebenso weitere Kapellen, die beiden Brunnen und die Schatzkammer. Wie das Klementinum in der Altstadt spiegelt auch die Loretokapelle den Wandel der Zeiten und führt uns von der kargen Einfachheit des unteren Kreuzganggeschosses zum üppigen Reichtum der Christgeburtkirche, als ginge es um eine Präsentation aller Erscheinungsformen des barocken Stils.

Die Prager Loretokapelle unterscheidet sich allerdings noch durch etwas anderes sehr markant von ihren über ganz Europa verstreuten Schwestern – durch ihr Glockenspiel. Die Glocken sind in einem Turm besonderer Art untergebracht, einem Zwiebelturm, der über dem Kreuzgang in die Höhe ragt, dem majestätischen Palais Černín direkt gegenüber. Unter den Glocken ist eine eiserne Walze installiert, die sich stündlich zu drehen beginnt und über Drähte Hämmerchen in Bewegung setzt, von denen jedes an eine von siebenundzwanzig Glocken schlägt.

Das Glockenspiel der Loretokapelle stammt aus dem Jahr 1694; finanziert hat es der Prager Tuchhändler Eberhard von Glauchau, angefertigt der Uhrmacher Peter Naumann. Die Glocken selbst wurden in Amsterdam gegossen. Ihr „Gesang" ist so lieblich und dabei so wehmütig und sehnsüchtig, dass er im Mittelpunkt vieler Überlieferungen, Erzählungen und Sagen steht.

Die bekannteste Sage handelt von einer armen Frau, die mit ihren vielen Kindern auf dem Hradschin lebte. Sie hatte genau so viele Kinder, wie die Loretokapelle Glocken. Als einzige Kostbarkeit hütete die arme Frau eine Schnur mit silbernen Münzen. Die hatte sie nach und nach von der Patin bekommen – für jedes Kind eine. Sie freute sich, dass sie jedem ihrer Kinder, wenn sie groß wären, ein Geschenk mit ins Leben hinausgeben könnte. Aber das Schicksal ist manchmal grausam und trifft auch die, die sich nichts zu Schulden kommen ließen. In jener Zeit hielt die Pest Einzug in Prag und machte auch vor dem Häuschen der armen Frau nicht Halt. Alle Kinder starben ihr nacheinander weg, und sie trug eine Münze um die andere zur Loretokapelle, denn wenigstens die Sterbeglocke sollte ihnen auf ihrem letzten Weg läuten. Dann kam die Reihe an sie. Allein und ohne einen Pfennig erwartete die Unglückliche den Tod und dachte daran, dass sie auch diesen letzten Weg allein zu gehen hätte. Da huben die Glocken der Loretokapelle so ergreifend zu läuten an, als würden all die armen Kinder der Witwe singen, um ihre Mutter in jene Welt hineinzubegleiten, und sie tat lächelnd ihren letzten Atemzug.

Seither heißt es, dass die Loretoglocken nicht läuten, sondern singen wie Kinder, die um ihre sterbende Mutter trauern.

Aber es gibt auch eine Sage mit glücklicherem Ausgang. Sie berichtet von einem ehrbaren Prager Tuchhändler. Dem hatte seine Frau eine schöne Tochter geboren. Das Mädchen wuchs heran und war die Freude seiner Eltern. Als sie aber das dreizehnte Jahr vollenden sollte, erkrankte sie, legte sich nieder und alles Leben schien langsam aus ihrem Körper zu schwinden. Der verzweifelte Vater ließ einen Arzt holen, einen zweiten, dritten, doch keiner wusste sich mit dem Mädchen Rat, als wäre es von einer heimtückischen, bislang unbekannten Krankheit befallen.

Am siebenundzwanzigsten Tag nach seiner Erkrankung schlief das Mädchen ein und niemand vermochte es mehr zu wecken. Der Vater wusste nicht ein noch aus, er eilte davon, um Hilfe zu holen, doch wo sie zu finden wäre, ahnte er nicht. So irrte er kreuz und quer durch die Gassen und kam zur Loretokapelle. Er trat in das Heiligtum ein, kniete vor der Statue der Jungfrau Maria und bat flehentlich um das Leben seines Kindes. Gegen Abend, als er nach Hause kam, fand er alles auf den Beinen – seine Tochter war erwacht. Der Vater eilte sofort an ihr Lager, um sich mit eigenen Augen davon zu überzeugen. Und da erzählte sie ihm, wie ihr im Traum die Jungfrau Maria begegnet sei; Maria aber habe gesungen, so wunderschön, dass dieser Gesang sie ins Leben zurückgeholt habe.

Der Tuchhändler wartete, bis seine Tochter ganz genesen war; dann stiftete er zum Dank für ihre Errettung siebenundzwanzig Glocken für den Turm der Loretokapelle. Deren Spiel sollte in alle Ewigkeit an den Gesang der Jungfrau Maria erinnern, der seine Tochter wieder ins Leben geführt hatte.

10
DAS KLOSTER
AUF DEM STRAHOV

Die älteste Kanonie der Prämonstratenser auf böhmischem Boden, das Kloster auf dem Strahov, wurde 1140 von Fürst Vladislav II. und seiner Gemahlin Gertrude von Babenberg gegründet.

Im Mittelalter gehörte dieses Kloster zu den bedeutendsten kirchlichen Institutionen in Böhmen. Während der Hussitenkriege niedergebrannt, wurde es seit Ende des 15. Jahrhunderts nach und nach wieder aufgebaut und entwickelte sich erneut zu einem wichtigen geistlichen Zentrum. 1627 wurden hier die Gebeine des heiligen Norbert, des Ordensgründers, bestattet; gegenwärtig befindet sich hier unter anderem das Nationale Literaturarchiv, der sog. Památník národního písemnictví (PNP).

Im Laufe seiner Geschichte wurde das Kloster von einer ganzen Reihe von Katastrophen heimgesucht, doch jedes Mal gelang es wie durch ein Wunder, den vorigen Ruhm zu erneuern. Hinter seinen mächtigen Mauern blühten die Wissenschaften, die Klosterkirche gehörte zu den schönsten in Prag und wurde auch Zion genannt. Und in einer Sache, so kann man sagen, hatten die Prämonstratenser auf dem Strahov Glück: immer wieder standen ihnen herausragende Äbte vor. Im Bewusstsein der Menschen am lebendigsten ist Abt Lohelius. Er stammte aus sehr einfachen Verhältnissen und diente in seiner Kindheit als Pferdeknecht im Stift Tepl. Der dortige Abt erkannte die außergewöhnliche Begabung des Knaben und ermöglichte ihm den Schulbesuch. Lohelius wurde Stiftsorganist, empfing aber auch die Priesterweihe. Nie vergaß er, welchen Verhältnissen er entstammte, und daher verweigerte er auch nie einem Armen Hilfe. Er war als großer Menschenfreund und Wohltäter bekannt. Und hier hat wohl auch die Legende ihren Ursprung, die von ihm erzählt wird:

Abt Lohelius war ein sehr frommer Mann, der Ordnung und Gerechtigkeit sehr hoch hielt. Das war auch der Grund, warum man ihn zum Generalvikar des Ordens ernannt hatte, so dass es nun auch zu seinen Pflichten gehörte, andere Prämonstratenserklöster zu visitieren, und auf einer dieser Reisen soll er in beträchtliche Schwierigkeiten geraten sein:

Der Abt hatte alles Geld, das er bei sich führte, an die Armen verteilt – im Glauben, sein Sekretär, der ihn begleitete, werde die Kosten für das Nachtlager entrichten, doch als es ans Zahlen ging, bekannte ihm der Ordensbruder, dass auch er ohne Geld geblieben sei. Was tun? Der Wirt in Böhmisch Krummau (Český Krumlov) wollte die beiden ohne Bezahlung auf keinen Fall ziehen lassen. Daran konnten auch die Beteuerungen des Abtes nichts ändern, er werde seine Schulden auf der nächsten Reise begleichen. Es blieb also nur, ein Pfand zu hinterlegen. Abt Lohelius tat schweren Herzens sein goldenes Kreuz ab und machte sich auf den Rückweg nach Prag. Vereinbart war, dass der Wirt das Kreuz nur demjenigen aushändigen dürfe, der sich bei ihm mit dem Siegelring des Abtes ausweisen könne.

Kaum war Abt Lohelius zurück auf dem Strahov, wurde ihm mitgeteilt, der Kaiser erwarte ihn in einer dringenden Angelegenheit. Kleinmut wollte ihn überkommen, konnte er doch nicht gut ohne Kreuz vor den Herrscher treten und einen Eilboten nach Krummau zu schicken würde Tage in Anspruch nehmen. Verzweifelt fiel er auf die Knie und betete zu der heiligen Elisabeth.

Am nächsten Tag musste Lohelius vor dem Kaiser erscheinen.

J. Koula: Das Prämonstratenserkloster auf dem Strahov

Zeitig am Morgen stand er auf und als er sich zum Gebet anschickte, erblickt er vor dem Altar sein Kreuz. Glücklich, dass sein Ruf gerettet war, eilte er zum Kaiser. Als er am Nachmittag ins Kloster zurückkehrte, sandte er sogleich einen Boten nach Krummau, der herausfinden sollte, wer sein Kreuz im Gasthaus ausgelöst hatte.

Der Bote machte sich augenblicks auf den Weg, und da er nirgends säumte, war er auch bald zurück. Und so erfuhr Abt Lohelius, dass noch an jenem Tag, als er mit seinem Sekretär das Krummauer Wirtshaus verlassen hatte, vor dessen Tür eine herrliche Kutsche gehalten hatte, der eine edle Dame entstieg, sich mit dem Ring des Abtes auswies, die Schulden beglich und das goldene Kreuz an sich nahm, worauf sie die Kutsche wieder bestieg und davonfuhr. Der Wirt rannte hinter ihr nach, um zu sehen, in welche Richtung sie führe, aber was er da sah, war höchst merkwürdig: kaum hatte das Gespann das Marterl am Weg erreicht, schwebte es in den Himmel auf und entschwand in den Wolken.

Lohelius wusste sogleich, dass die edle Dame niemand anders gewesen sein konnte als die heilige Elisabeth, zu der er am Abend nach seiner Heimkunft von Krummau so flehentlich gebetet hatte. Ihr zu Ehren gründete er ein Armenspital, das Elisabethspital.

11
DIE NERUDAGASSE

Die Kleinseite – das ist die Nerudagasse, und die Nerudagasse – das ist die Kleinseite, sagen die Alteingesessenen, und auf ihre Weise haben sie Recht. Wenn man die Gasse hinaufgeht, dabei die alten Fassaden betrachtet, die Hauswappen, die dunklen Durchgänge zu den Höfen, befindet man sich mit einem Male in längst vergangenen Zeiten, als hier noch das echte Kleinseitner Leben pulsierte, das Jan Neruda so eindrucksvoll in seinen Erzählungen beschrieb.

Gerade hier entlang führte der legendäre Königsweg auf die Burg hinauf, vorüber an den barocken Palais, den prächtigen Portalen, auch aber an Häusern, von denen uns noch heute ein mittelalterlicher Hauch entgegenweht.

Früher hieß diese Gasse Strahover Gasse (Strahovská), jedoch der untere Teil, der obere hieß Am Pflaster (Na dláždění). Auf halbem Weg befand sich das Strahover Tor, später auch Schwarzes Tor oder Hansturker Tor genannt, damit jeder wusste, wo der Hradschin endet und die Kleinseite anfängt.

Gleich neben dem Tor war ein Wirtshaus, und beide, Tor und Wirtshaus, gehörten einem gewissen Hans Turk. Der Wirt, so heißt es, habe eines schönen Tages eine Wette verloren und musste daraufhin das Tor auf eigene Kosten ausbessern lassen. Als sich die Maurer freilich an die Arbeit machten, zeigte sich, dass die Wette im Grunde gar nicht verloren, sondern gewonnen war, denn das alte Tor drohte bereits auf das Wirtshaus zu stürzen, das seinen Besitzer nicht schlecht ernährte.

Ursprünglich hatte das Tor zu der unter Přemysl II. errichteten städtischen Wehranlage gehört. Es war ein klassisches Doppeltor mit Zinnen und Zugbrücke. Die Gasse – wie man auch

J. Koula: Die Nerudagasse

heute noch sieht – war steil und bei ungünstiger Witterung glatt; daher wurden Sparren verlegt, weswegen man sie Sparrengasse nannte. Jeder sprach das nach seiner Art, der eine nuschelt, der andere brummt, und so wurde daraus die Sporengasse und aus dieser Sporengasse wiederum Ostruhová, denn Sporen sind im Tschechischen *ostruhy*. So war das bis ins späte 19. Jahrhundert hinein. Inzwischen aber hatte der Dichter und Journalist Jan Neruda, der einige Jahre in dieser Gasse im Haus mit der Konskriptionsnummer 233 wohnte, die Bühne der tschechischen Kultur betreten. Und das zeitigte seine Folgen. Die irrtümliche Ostruhová nämlich heißt nun – und keineswegs irrtümlich – Nerudova, also Nerudagasse, und zwar schon mehr als hundert Jahre.

Das Tor in der Nerudagasse ist längst geschleift, manch eine Fassade hat ihre Farbe und ihr Gesicht verändert, was aber aus alter Zeit erhalten blieb, sind die zahlreichen Hauswappen: Zu den drei Geigen, Zum goldenen Kelch, Zur goldenen Krone, Zum goldenen Hufeisen oder Zu den zwei Sonnen – steingewordene Zeichen vergangener Zeiten, vielleicht auch Botschaften aus einem Leben, das sicher nicht in Vergessenheit geraten sollte – ebenso wenig wie die Gespenster, die es in der Nerudagasse auch gibt. Das bekannteste ist wohl der kopflose Schwede. Er zeigt sich stets um Mitternacht, und das seit dem Dreißigjährigen Krieg, als die Schweden ins Land einfielen und sowohl den Hradschin als auch die Kleinseite darunter besetzten. Die Soldaten schwärmten des Öfteren in kleineren und größeren Gruppen in die Stadt und plünderten, was nur ging. Einer der Schweden bewies nicht einmal Ehrfurcht vor Gott und raubte in der Kirche des heiligen Nikolaus. Schwerbeladen zog er über die Nerudagasse Richtung Strahov hinauf, wo seine Abteilung lagerte, da stürzte eine Schar Kleinseitner Bürger über ihn her. Sie rissen den dreisten Schweden vom Pferd, nahmen ihm seine Beute und schlugen ihm den Kopf ab, denn sie wollten sich seines Schweigens sicher sein. Dann hoben sie ihn zurück in den Sattel und schickten ihn zum Strahov hinauf. Den Kopf vergruben sie an unbekannter Stelle, die Kirchenschätze brachten sie nach St. Nikolaus zurück.

Die Schweden suchten nach dem verlorenen Kopf, denn sie wollten ihren Gefährten anständig bestatten, im Krieg jedoch geht schon hie und da einmal ein Kopf verloren, und so gaben sie mit der Zeit ihre Suche auf und zogen heim. Der kopflose Leib aber blieb, und er zeigt sich genau dort, wo der Frechling um seine Beute kam, für die er zudem so blutig bezahlen musste. Wer weiß, vielleicht sucht er da seinen Kopf, vielleicht auch den Raub. Um Mitternacht geht er die Gasse hinunter und wieder hinauf, den Kopf aber, den die Kleinseitner einst so sorgsam vergruben, den hat er angeblich noch nicht gefunden.

12
DIE KIRCHE ST. NIKOLAUS

Bei einem auch nur flüchtigen Blick auf die Karte Prags mag sich manch einer fragen, ob nicht vielleicht doch zu viele Kirchen der Stadt dem heiligen Nikolaus geweiht sein könnten – die Nikolauskirche Dientzenhofers in der Altstadt – sie ist eine der Dominanten des Altstädter Rings –, die weitaus bescheidenere Nikolauskirche im Stadtviertel Vršovice, die majestätische Nikolauskirche auf der Kleinseite… Jede wirkt anders, blickt auf eine andere Geschichte zurück, zeigt uns ein anderes Gesicht, alle jedoch sind verbunden durch ein und denselben beliebten Heiligen.

Die Quellen nennen für das 4. Jahrhundert einen Bischof Nikolaus im assyrischen Myra, der gerühmt wurde für seine Weisheit, Wohltätigkeit und Bescheidenheit.

Zeitgenössische Legenden berichten, dass vor langer Zeit ein Bischof mit Namen Nikolaus drei Mädchen vor einem traurigen Schicksal bewahrte, indem er ihnen in der Nacht, bevor sie im Bordell einquartiert werden sollten, drei Säcke Gold durchs Fenster warf. Die Mädchen hatten damit eine Aussteuer, konnten sich anständig verheiraten und ihren guten Namen wahren. Eine andere Legende erzählt von verirrten Schiffen, die vor dem Ufer zu zerschellen drohten, von verzweifelten Kaufleuten, die aus Gutmütigkeit um ihren gesamten Besitz gekommen waren. Ihnen allen vermochte der heilige Nikolaus zu helfen, nur allzu verständlich also, wenn sich der Heilige beim einfachen Volk so großer Beliebtheit erfreute. Auch erfahren wir aus den historischen Quellen, dass italienische Kaufleute etliche Jahrhunderte später, wohl 1087, seine vermeintlichen Gebeine aus Kleinasien

J. Koula: St. Nikolaus auf der Kleinseite

nach Bari überführten. Der heilige Nikolaus war also nach Europa gelangt. Aufzeichnungen aus dem 6. Jahrhundert wissen sogar von einer ihm geweihten Kirche in Konstantinopel.

Die bedeutendste der Prager Nikolauskirchen ist wohl die auf der Kleinseite, und nicht etwa nur, weil sie von allen dreien die größte ist. Zu ihrem großartigen Erblühen führte ein dorniger Weg. Ursprünglich befand sich an ihrer Stelle eine Ende des 13. Jahrhunderts geweihte romanische Kirche, in der Jan Milíč von Kremsier (Kroměříž) manchmal gepredigt hat. Die Kirche gehörte bis kurz nach der Schlacht am Weißen Berg den Hussiten, 1625 jedoch sprach sie Kaiser Ferdinand den Jesuiten zu. Diese nahmen weitreichende Umbauten in Angriff, doch die hochgesteckten Pläne verlangten durchaus auch bedeutende Summen, die von den Jesuiten nur mit Mühe nach und nach aufgebracht werden konnten. Das änderte sich erst durch die Schenkung eines Adligen. Er vermachte den Jesuiten seinen gesamten Besitz, damit sie den Bau vollenden könnten. Doch allein die gerichtlichen Streitigkeiten mit den übrigen Mitgliedern der Familie Kolowrat zogen sich fast sieben Jahre hin. Weitere Verzögerungen stellten sich ein. Bei der Kleinseitner Gemeinde waren die Jesuiten nicht allzu beliebt und über jede Kleinigkeit wurde lange verhandelt. Die ursprünglichen Baupläne wurden abgelehnt, dann brach die Pest aus und schließlich war wieder kein Geld an der Hand. Mit dem Bau begann man erst viele Jahre später – nach den Plänen Christoph Dientzenhofers, und erst dessen Sohn Kilian Ignaz sollte das Werk kurz vor seinem Tod zu Ende führen. Von der Grundsteinlegung durch Kaiser Leopold I. bis zur Vollendung des Baus waren ganze 83 Jahre vergangen. In so langer Zeit kann sich manches ereignen…

J. Koula: Kleinseitner Ring

Als der Rohbau stand, begann man mit der Ausgestaltung des Innenraums. Der Maler, den man damit betraut hatte, den heiligen Nikolaus in der Kuppel darzustellen, entstammte einer Wiener Bildhauerfamilie und hieß Johann Lucas Kracker. Zu jener Zeit war er noch nicht allzu bekannt, aber mit seinem gewaltigen Nikolausfresko auf der größten Gewölbefläche Böhmens schuf er sich einen Namen.

Doch bevor Kracker mit der Arbeit begann, stellte er eine Bedingung. Er wollte von niemandem gestört werden, bevor er mit seinem Werk fertig sei. Die Jesuiten gaben ihm darauf ihr Wort, und doch fand sich einer, der das Versprechen brach. Von Neugier getrieben schlich er sich eines Tages heimlich in die Kirche hinein, um der Entstehung des Werkes zuzusehen. Er meinte, niemand würde ihn sehen, aber der Maler war aufmerksamer als gedacht. Kracker war sehr erzürnt und beschloss, sich an dem

 56

neugierigen Jesuiten zu rächen. Statt den Frechling seines Vergehens anzuklagen, für das es keine Zeugen gab, stellte der Maler seinen Spiegel für einen Augenblick so, dass er das Gesicht des Mannes sehen und somit auch naturgetreu an der Kirchendecke abbilden konnte. Dazu rief er: „Ich weiß, wer sich im Dunkel der Kirche verbirgt, und gelobe, dass seine Dreistigkeit bestraft wird!" Der Jesuit erschrak, lief aus der Kirche und wartete voller Angst, wann Kracker sich bei den Ordensoberen über ihn beschweren würde. Für den Maler freilich war die Angelegenheit schon erledigt. Erst bei der feierlichen Eröffnung der Kirche erkannten die Jesuiten in jener neugierig hinter einer Säule hervorlugenden Gestalt ihren Ordensbruder, den nun für seinen Wortbruch die verdiente Strafe ereilte.

13
DAS JOHANNESBERGL

Noch heute begegnen wir auf der Kleinseite Alteingesessenen, die sich bis aufs Blut streiten würden, ob mit Johannesbergl (Jánský vršek) nur die eine Gasse gemeint ist, die diesen Namen trägt, oder aber alles, was sich zwischen Nerudagasse (Nerudova) und Welscher Gasse (Vlašská) befindet. Wie auch immer, sicher ist, dass vor vielen hundert Jahren hier nichts als ein bewaldeter Hang war, der dem Hradschin von dieser Seite her Schutz bot. Irgendwann zu Beginn des 12. Jahrhunderts entstand hier eine dörfliche Siedlung, Obora genannt, deutsch Baumgarten, die zunächst dem Domkapitel St. Veit zugehörte, später dem Strahovkloster und der Altstadt, bis sie 1645 offiziell in die Kleinseite eingemeindet wurde. Diese Ansiedlung bestand aus vielen engen, verschlungenen Gässchen, die bergan stiegen oder steil abfielen, und so mancher Wagen kam mitunter von alleine ins Rollen und erst am Fuß des Hanges wieder zum Stehen.

Zu jener Zeit, heißt es, habe hier auch eine reiche Witwe gelebt, die ein aufwändiges gesellschaftliches Leben führte und auch mit der Herrschaft auf der Burg Umgang pflegte. Oft kam sie spät in der Nacht von dort oben zurück. Das Rattern der Wagenräder, der Hufschlag der Pferde und das Bellen der Hunde rissen die Nachbarn aus dem Schlaf. Insbesondere der Bäcker, der gleich neben der Witwe wohnte, beklagte sich oft. War er nämlich einmal erwacht, konnte er nicht mehr einschlafen, und am Morgen war er dann müde und völlig zerschlagen. Das Brot, das er an einem solchen Tag buk, wollte niemandem schmecken, und über kurz führten alle ehrbaren Bürger vom Johannesbergl über die nächtlichen Heimkünfte der reichen Witwe Klage.

J. Koula: Johannesbergl

Eines Nachts kam die Witwe wieder einmal von einer Festlichkeit auf der Burg, die Hunde bellten wie verrückt, das Rattern der Räder störte die Nachbarn im Schlaf, da hallte plötzlich ein entsetzlicher Schrei. Die Leute eilten hinaus und sahen, wie die Witwe mit aufgerissenen Augen auf der Schwelle ihres Hauses steht und schreit, dass das Glas in den Fenstern klirrt. Sie sei aus der Kutsche gestiegen, und just in diesem Moment habe sich ein Gerippe mit Bäckerschürze vor ihr gezeigt. Die Nachbarn beruhigten die zu Tode Erschrockene und redeten ihr zu, sie solle nur hineingehen und am besten alles vergessen. Vielleicht sei sie ja in der Kutsche ein wenig eingenickt und habe dies alles nur geträumt. Warum sollte ein Gerippe sich eine Schürze umtun? Aber die Witwe gab keine Ruhe und sagte, dass sie vor Gericht gehen werde, denn sie war überzeugt, der Bäcker habe ihr aufgelauert, um ihr übel mitzuspielen, weil sie so oft seine Nachtruhe störe.

Eine Woche später war die Verhandlung. Die Witwe hatte Gelds genug und zögerte nicht, es auch zu ihrem Vorteil zu verwenden. Der Richter kam zu dem Schluss, ein Gespenst mit Bäckerschürze sei etwas so Ungewöhnliches, dass es sich um einen dummen Streich handeln müsse, bei dem der Bäcker in irgendeiner Weise seine Finger im Spiel habe. Wenn die Dame nun aber mitten in der Nacht vor Schreck der Schlag getroffen hätte? Und so ließ er den unschuldigen Bäcker für zwölf lange Monate in den Kerker sperren, denn er habe die arme Witwe großer Gefahr ausgesetzt und ihr Leben bedroht.

Vergeblich beteuerte der Bäcker, dass er von keinem Gerippe wisse, niemandem aus dem Totenreich eine Schürze geborgt oder sich gar mit einem Knochenmann gegen die Witwe verbündet habe. Er beschwor seine Unschuld vergeblich. Das Urteil war gesprochen und der Bäcker wurde für ein ganzes Jahr in Ketten gelegt. Die Witwe atmete auf und lebte dahin wie bisher.

Ein Monat etwa war vergangen, und die Witwe kehrte im Dunkeln nach Hause zurück. Kaum hatte sie nach der Klinke gefasst, da klopfte ihr jemand von hinten auf die Schulter. Sie wandte sich um, der Schreck fuhr ihr lähmend in alle Glieder. Vor ihr stand ein Gerippe, diesmal trug es den Kopf unterm Arm und wollte ihr mit der freien Hand an die Gurgel. Die Witwe schrie um Hilfe. Am Fenster gegenüber zeigte sich ein erster erwachter Bürger, und das kopflose Gespenst verschwand.

Am nächsten Morgen säumte die Witwe nicht und eilte zum Gericht. Gewiss sei ihnen der Bäcker aus dem Kerker entlaufen und habe ihr das Gerippe auf den Hals gehetzt, um sie zu töten. Aber das Gericht war nun schon bedachter. Man überzeugte sich, dass der Bäcker hinter Schloss und Riegel sei, befragte die Nachbarn, und als sich keiner fand, der bezeugen konnte, das man der Witwe nach dem Leben getrachtet hatte, wer auch immer der Gurgelwürger gewesen sein mochte, ließ man den Fall auf sich beruhen, denn man würde ja sehen, ob das Gerippe noch einmal erscheine.

Ein weiterer Monat verging. In den königlichen Sälen war großer Tanz, zu dem auch die Witwe vom Johannesbergl geladen war. In dieser Nacht aber lauerte ihr das Gerippe bereits an der Ecke auf, sprang in die Kutsche hinein und bedrohte sie mit einem langen Küchenmesser. Die Witwe konnte sich nur mit knapper Not retten, sie sprang aus der rollenden Kutsche und prellte sich böse. Die Leute trugen sie nach Hause, betteten sie auf ihr Lager und riefen nach einem Arzt. Der versorgte die blauen Flecken, mehr noch als der Leib aber schien ihm die Seele seiner Patientin Schaden genommen zu haben. Sie weinte, schrie und rief um Hilfe, das alles im Wechsel, und als sie auch nach einer Woche damit nicht aufgehört hatte, konstatierte der Arzt, dass sie um den Verstand gekommen sei. Man brachte sie anderswo unter, und auf dem Johannesbergl kehrte die einstige Ruhe ein.

Nach einem Jahr kehrte der unschuldig verurteilte Bäcker aus dem Gefängnis zurück und buk wieder Brot. Er stand zeitig auf, damit das Brot fertig sei, wenn die erste Hausfrau mit ihrem Korb aus dem Morgendunst auftauchen würde. Ab und an will er eine verhüllte Gestalt gesehen haben, unter deren Umhang sich ein Gerippe abzeichne, aber der Bäcker hatte ein reines Gewissen und die geheimnisvolle Gestalt im Umhang ging stets an seiner Bäckerei vorüber, ohne ihr Beachtung zu schenken.

14
DIE HUNGERMAUER
AUF DEM LAURENZIBERG

Der Laurenziberg (Petřín) ist im Grunde ein ganz gewöhnlicher Hang, dessen Bogen das Rund des Kleinseitner Kessels schließt. Kosmas, der böhmische Chronist und Kanoniker beim Domkapitel St. Veit, leitet den tschechischen Namen des Hanges, Petřín, zu Beginn des 12. Jahrhunderts von dem lateinischen Wort „petra", also Felsen, her. Ursprünglich war der Petřín, oder eben Laurenziberg, wohl bewaldet, doch dank seiner günstigen Südlage hatte man hier schon in alten Zeiten Weinberge angelegt, und damit nicht genug… mitten auf dem Kamm des Laurenzibergs verläuft vom Strahovkloster bis hinunter zum Újezd eine gotische Befestigungsmauer, die den Berg gleichsam zweiteilt.

Errichtet wurde diese Mauer 1360–62 unter dem Luxemburger Karl IV., dem bedeutendsten europäischen Herrscher des Spätmittelalters, der nicht nur den böhmischen und deutschen Königsthron bestieg, sondern später auch zum Kaiser des Heiligen römischen Reiches deutscher Nation gekrönt werden sollte.

Der Sage nach initiierte dieser aufgeschlossene Herrscher den Bau der Mauer in einer sehr schwierigen Zeit. Mehrere Jahre hintereinander hatte Böhmen große Dürren erlebt und somit erhebliche Missernten hinnehmen müssen. Die Menschen hungerten, und die verarmte Landbevölkerung machte sich auf nach Prag – in der trügerischen Hoffnung, dass in der großen Stadt vielleicht ein besseres Durchkommen sei. Dort aber wurde die Situation unerträglich. Die verzweifelten, ausgehungerten Menschen stahlen und plünderten, die Kerker waren überfüllt, Krankheiten

breiteten sich aus. Karl IV. sah, dass da keineswegs wirkliche Verbrecher hinter Gitter kamen, sondern Verzweifelte, die nicht genug hatten, um sich und ihre Kinder zu ernähren. Es konnte hier also nicht um Bestrafung gehen, vielmehr musste eine Lösung für die prekäre Situation gefunden werden. Dem König war klar: würde er sein Volk sättigen können, ginge die Zahl der Übeltäter zurück, die Verließe würden sich wieder leeren für wirkliche Sünder.

Und so wurde der Bau der Mauer auf dem Laurenziberg in Angriff genommen. Wer bereit war, sich seinen Unterhalt zu verdienen, bekam hierzu Gelegenheit. Man begann oberhalb des Bruskatores am Hradschin, führte die Mauer dann am Pohorzelitz (Pohořelec) und am Strahov vorbei über den Kamm des Laurenzibergs nach Osten und sodann in steiler Linie gewagt zur Moldau hinab. Die Arbeiter bekamen zu essen und das Notwendigste an Kleidung für sich und ihre Familien. Dafür schlugen sie Steine zu, schliffen Quader, fuhren Sand, mischten Mörtel und bauten volle zwei Jahre an der langen Mauer, bis die Dürre nachließ und die größte Not überwunden war. Entstanden war eine lange Mauer mit Zinnen, die so genannte Hungermauer. Ihr gleichsam gezahnter oberer Rand versinnbildlicht, so sagt man, dass die Menschen, die sie bauten, endlich wieder etwas zwischen die Zähne bekamen.

K. Liebscher: Die Hungermauer

15
DIE KAMPA

Nicht jeder, auch nicht jeder gebürtige Prager, ist sich bewusst, dass die Kampa eigentlich eine Insel ist. Als solche ist sie urkundlich erstmals 1169 belegt. Aber auch im 14. Jahrhundert nannte man das dortige Gebiet kurz und bündig „Insel". Das Geheimnis ihres heutigen Namens liegt immer noch im Dunkeln. Die amtlichen Aufzeichnungen sprechen erstmals um 1770 von einer Prager Insel namens Kampa, doch wie der Name zu erklären ist, darüber differieren die Meinungen stark. Gesichert ist, dass eines der Häuser auf der Insel im 17. Jahrhundert einem gewissen Tychon Gansgeb von Kamp gehörte. Doch wie auch immer es sich mit der Herkunft des Namens verhalten mag, die Kampa hat zweifellos mit etwas

J. Koula: Der Großpriorplatz

J. Koula: Blick durch einen Brückenbogen auf den Teufelsbach (Čertovka)

Besonderem aufzuwarten – hier nämlich befand sich nach den historischen Quellen die erste Prager Mühle. Und eine alte Sage berichtet darüber Folgendes:

Etwa da, wo heute der Hirschgraben (Jelení příkop) ist, wollte Fürst Bořivoj vor langer Zeit einen Hof gründen. Er ließ ein großes Stück Wald roden, den Boden pflügen und Getreide aussäen, damit er Brot für sein Volk hätte. Doch um Brot zu haben, muss nicht nur gesät und geerntet werden, man muss das Korn auch mahlen. So begaben sich die alten Prager an den Fluss, der direkt unter dem Laurenziberg entspringt und ihnen am nächsten lag. An der Stelle, die ihnen für den Bau einer Mühle am günstigsten schien, ragte eine mächtige Eiche empor, und als sie sie fällten, flog aus dem hohlen Stamm eine Eule auf. Bei den Heiden wurde die Eule bekanntlich sehr verehrt, sie empfanden eine heilige Furcht vor ihr; daher hielt man dies für ein gutes

Zeichen. Die Mühle aber, die man an dieser Stelle errichtete, wurde Eulenmühle genannt, tschechisch Soví mlýn.

Diese angeblich erste Mühle Prags hielt allen Unbilden und Fährnissen stand, bis ins 19. Jahrhundert hinein, als sie ausbrannte. Die alten Heiden hatten mit ihrer Vorhersage also im Großen und Ganzen Recht. Die historischen Quellen dagegen führen eine Mühle an, die Sovův mlýn hieß, das heißt nach ihrem Eigentümer, einem gewissen Sova. Diese Sova-Mühle befand sich inmitten einer Grünfläche zwischen der Moldau und dem Rosenberger Graben, dem heutigen Teufelsbach oder Čertovka, wie die Tschechen sagen.

F. Kořenský: Prager Venedig

Erst in der zweiten Hälfte des 16. Jahrhunderts begann man auf der Kampa mit der Errichtung der beiden Häuserreihen, zwischen denen regelmäßig Markt abgehalten wurde. Hierher verlagerten sich zum Beispiel die berühmten Töpfermärkte vom Pohorzelitzer Platz (Pohořelec). Die Waren kamen vor allem aus Beroun (Beraun) und aus dem nahen Moldautal und brachen erstmals ein Prager Zunftmonopol.

Und zwar soll das so geschehen sein: An einem

schönen, heiteren Sommermorgen hielt der Töpfer Jan mit seinem Wagen auf der Insel Kampa. Jan war ein junger Mann aus Beroun, dem der rote Hahn das Dach über dem Kopf genommen hatte. Die Ware auf dem Wagen war das Einzige, was ihm verblieben war. Jan war verzweifelt und wusste sehr gut, dass er alles mit Gewinn verkaufen musste, sonst könnte er sein Handwerk an den Nagel hängen und betteln gehen. Nur – er kam von weit her, und die Prager Töpfer stellten sich wie ein Mann gegen ihn und wollten ihn auf der Kampa nicht dulden. Das wäre ja noch schöner, wenn irgend so ein Zugewanderter von Gott weiß woher sie um ihr Auskommen brächte. Und sie drohten ihm noch dazu: wenn er in Prag auch nur einen einzigen Topf verkaufe, würden sie ihm alle andern zerschlagen.

Jan setzte sich traurig neben seinen Wagen und barg das Gesicht in Händen. Da ging eine junge Frau vorüber und die schöne Ware auf seinem Wagen fiel ihr sofort ins Auge. Ein großer Henkeltopf gefiel ihr besonders gut, einen solchen gerade brauchte sie nämlich, und so fragte sie, wie viel er kosten solle. Jan schüttelte traurig den Kopf und gestand, dass es ihm hier übel ergangen sei, ja, er vertraute der Frau auch an, wie grausam ihm das Schicksal vor kurzem mitgespielt habe. Aber die winkte nur ab und sagte, er solle noch nicht aufbrechen und bis zum Abend hier auf sie warten. Dann ging sie schnurstracks zu einem hoch gestellten Beamten, der im nächsten Monat ihr Mann werden sollte, und setzte ihm das Messer an die Gurgel: gäbe er Jan keine Erlaubnis, die ihn berechtigt, seine Waren in Prag zu verkaufen, werde sie ihn keinesfalls zum Manne nehmen.

Was blieb dem Armen da übrig? Die nötige Erlaubnis wurde ausgestellt. Jan verkaufte zunächst seinen Henkeltopf, und an den folgenden Tagen auch alle übrige Ware. Er kehrte nach Hause zurück, setzte mit dem Geld Haus und Werkstatt instand und knüpfte da an, wo der unbarmherzige Brand seinen glücklichen

Weg unterbrochen hatte. Seit jener Zeit kamen die Töpfer aus nah und fern auf der Kampa zusammen, denn das Monopol der Prager Töpfer war endlich gebrochen.

16
DIE KARLSBRÜCKE

Wo heute die berühmte Karlsbrücke Altstadt und Kleinseite miteinander verbindet, befand sich vorher vermutlich eine Furt. Die historischen Quellen erwähnen eine Brücke in Prag in Zusammenhang mit der Überführung der Gebeine des hl. Wenzel von Altbunzlau, wo der Fürst 935 ermordet worden war, nach Prag. Auch aus dem Jahr 1118 hat sich eine Nachricht erhalten, nämlich dass das Wasser an der Brücke um 10 Ellen gestiegen sei. Eine Brücke also gab es offensichtlich schon in sehr früher Zeit; vermutlich war sie aus Holz.

Eine steinerne Brücke ist erst später belegt. Errichten lassen hatte sie um das Jahr 1170 Judith, die Gemahlin Vladislavs II.,

J. Koula: Blick auf die Kleinseite und den Kleinseitner Brückenturm

71

und daher wurde sie Judithbrücke genannt. Über diese romanische Brücke wissen wir nicht sehr viel. Von ihr haben sich lediglich die Pfeilerfundamente im Fluss erhalten, einiges Wenige auch in drei Häusern auf der Kleinseite und der Brückbogen unter dem Garten vor dem Generalat der Kreuzherren. Daher wissen wir auch, dass die Brücke aus gelbem Sandstein gebaut war und für ihre Zeit eine erstaunliche technische Leistung darstellte. Zusammen mit der Steinernen Brücke in Regensburg ist sie ein Beispiel für die Meisterschaft damaliger Baukunst. Auf der Kleinseite wurde der Turm der älteren Befestigungsanlage in den Brückenneubau mit einbezogen. Auf der Altstädter Uferseite wurde ein Brückenturm dann in der zweiten Hälfte des 13. Jahrhunderts errichtet. 1342 wurde Prag von einer verheerenden Überschwemmung heimgesucht, die immense Schäden anrichtete. Auch die Judithbrücke war nicht verschont geblie-

Siegel der Goldenen Bulle Karls IV.

ben. So ließ Karl IV. 1357 eine völlig neue Brücke erbauen. Ursprünglich nannte man sie die Prager Brücke, auch die Steinerne Brücke, doch 1870 bekam sie – ihrem Gründer zu Ehren – den Namen Karlsbrücke, der ihr bis heute geblieben ist.

Die Karlsbrücke entstand also in der Regierungszeit Karls IV., der sich als offen denkender Kaiser und König um den Ausbau Prags außerordentlich verdient gemacht hat. Ihm verdankt die Stadt, dass ihr Ruhm und ihre Bedeutung die Landesgrenzen überschritten und ihre Schönheit überall gepriesen wurde. Karl IV. hatte am 9. Juli 1357 den Grundstein für eine neue Brücke gelegt. Diese sollte nach den Plänen Peter Parlers entstehen, jenes genialen Architekten, der Matthias von Arras als Dombaumeister von St. Veit gefolgt war, und nicht nur dem Andrang der Stürme standhalten, sondern auch der Wucht unerwarteter Wasserfluten, desgleichen Scharmützeln, Kämpfen und Schlachten, vor allem aber sollte sie auch ihrem Erbauer zu Ruhm und Ehre gereichen. Und daher musste es eine sehr beständige Brücke sein.

Eine bekannte Sage berichtet, dass Karl IV. auf Schritt und Tritt grübelte, wie ein dauerhafter Bestand der zukünftigen Brücke zu gewährleisten sei. Eines Tages kam der Baumeister mit dem Vorschlag, dass man in den Kalk Eier zugeben könnte – nicht anders wie bei einem Teig. Der Mörtel würde dann hart wie Stein. An diesem ungewöhnlichen Gedanken fand Karl IV. Gefallen, und daher ordnete er an, alle Eier in Prag herbeizuschaffen. Fuhrwerke aus der ganzen Stadt kamen gefahren, jeder Prager, der auch nur ein Huhn hatte, sparte eine Kütze voll und eilte herbei, doch die Eier wollten und wollten nicht reichen. Daher verfügte der Herrscher, dass jeder, der auch nur ein einziges Huhn besitze, alle Eier abgeben müsse, die auf seinem Grundstück gelegt würden.

So trug und karrte man auf kaiserlichen Befehl Eier zusammen, in Schüsseln, Körben, Kisten, ja ganze Wagen voll. Und auch aus Velvary, einer nördlich von Prag gelegenen Stadt, schickte man Eier. Die Ratsherren dort hatten große Angst, dass die Eier ihr Ziel womöglich nicht heil erreichen und ließen sie vor ihrer Reise hart kochen. Und seither gelten die aus Velvary in Prag als ein bisschen „hartköpfig".

Wie immer es mit den Eiern aus Velvary war, sicher ist, dass die Karlsbrücke bis heute steht. Zahlreichen Hochwassern hat sie getrotzt, zwei Weltkriege hat sie überstanden und aus dem Panorama von Prag ist sie nicht wegzudenken. Nach wie vor verbindet sie Altstadt und Kleinseite, vor allem aber ist sie eine touristische Attraktion. In früheren Zeiten war das freilich anders. Wie ihrer Vorgängerin, der Judithbrücke, kam auch der Karlsbrücke eine besondere strategische Bedeutung zu. Sie stand bei allen größeren, entscheidenderen Kämpfen, die Prag erlebt hat, im Mittelpunkt des Interesses. Auch die Legenden der Gegenreformation haben die Karlsbrücke für sich vereinnahmt; die bekannteste ist vermutlich die vom heiligen Johannes von Nepomuk.

In den ruhmreichen Zeiten des böhmischen Königreichs hatte auch der Beichtvater der Mächtigen bei Hof eine herausragende Stellung. Aber nicht immer hatten der König und die Königin denselben Beichtiger – wie im Falle von Wenzel IV. und seiner Frau Sophie, die sich Johannes von Nepomuk anvertraute. Die Königin offenbarte ihm alle ihre Sünden und konnte sicher sein, dass Johannes das Beichtgeheimnis nicht verletzen würde. Der ergebene Gottesdiener hielt das Vertrauen der Königin so hoch in Ehren, dass er kein Wort von dem verriet, was er je aus ihrem Mund vernommen hatte und brach auch dann sein

Schweigen nicht, als der König ihn dazu drängte. Der ehrbare Beichtiger verriet kein einziges Wort, nicht unter Androhung des Todes noch auf der Streckbank in der Folterkammer, und so wurde er auf Befehl des Königs von der Karlsbrücke, die damals freilich noch nicht diesen Namen trug, in die Moldau gestoßen.

1729 wurde der Märtyrer heilig gesprochen und eine der ältesten Statuen auf der Karlsbrücke erinnert an ihn. Von der Altstadt aus Richtung Kleinseite ist es die achte Figur rechter Hand.

Verständlich, dass sich die Geschichtswissenschaft näher für die Identität dieses Mannes zu interessieren begann. Es stellte sich heraus, dass die Legende offensichtlich auf das Schicksal des Generalvikars Johann von Pomuk zurückgeht. Dieser wurde 1393 auf Befehl des Königs in der Moldau ertränkt – in den Machtkämpfen zwischen dem König und dem Erzbischof von Prag war ihm eine unglückliche Rolle zugefallen. Geschichtswissenschaft und Legende sind eben zweierlei...

Wer von der Karlsbrücke erzählt, muss auch von Bruncvík erzählen. Das ist eben jene Figur, die zur Kleinseite hin ein wenig abseits links auf einem Pfeiler an der Karlsbrücke steht. Von dieser Statue heißt es, sie sei irrtümlich entstanden. Als nämlich der erste Baumeister der Karlsbrücke starb, hochbetagt und vom Alter gebeugt, befahl der Herrscher, ihn durch ein Denkmal zu ehren und so sein Andenken zu pflegen. Aber wie das eben so ist – der junge Nachfolger fühlte kein Bedürfnis, demjenigen Achtung zu zollen, der hier schon nichts mehr zu sagen hatte, und so versprach er, statt eines Denkmals für den alten Baumeister ein viel bedeutenderes Denkmal zu errichten. Es sollte den Ritter Bruncvík ehren, einen tapferen Kämpfer, der aus vielen Turnieren stets als Sieger hervorgegangen war. Wenn auch die Tapferkeit Bruncvíks nicht in Frage stand, so wusste doch jeder, dass er seine Erfolge letztlich seinem Schwert zu verdanken hatte, dass er stets bei sich trug und auf das er nichts kommen ließ. Diese Waffe, die wie von selbst die Köpfe der Feinde herabmähte, hatte ihm angeblich ein alter Eremiten vermacht, der es selbst in jungen Jahren von einem tapferen Recken erhalten hatte...

Der Sage nach begann alles damit, dass Bruncvík durch ferne Lande zog und Dinge sah, die noch kein Auge vor ihm je erblickt hatte. So kam er auch in ein wildes, fremdes Land, in dem viele dem Menschen noch unbekannte Raubtiere lebten, und wurde Zeuge eines erbarmungslosen Kampfes zwischen einem Löwen und einem Tiger. Bald gewann fast schon der eine die Oberhand, da wendete sich das Glück wieder zugunsten des anderen. Der Kampf dauerte den ganzen Tag, keiner, so schien es, sollte siegen und keiner besiegt werden, als sich mit einem Male, kurz vor Sonnenuntergang, der Tiger wandte – und verschwand. Der Löwe sank nieder und leckte sich seine Wunden, doch sein Fell war übel zugerichtet und das Blut floss und floss und wollte nicht stillstehen. Der Löwe gab schließlich auf, bemühte sich nicht mehr, sein Leben zu retten, er schloss die Augen und wartete auf den Tod. Da trat Bruncvík aus seinem Versteck im Gebüsch. Der entkräftete Löwe dauerte ihn, er überwand seine Furcht, setzte sich neben das arme Tier und versorgte die Wunden.

Seit jenem Tag wich der Löwe keinen Schritt mehr von Bruncvíks Seite. Er begleitete den Ritter auf seinen Reisen und weckte in jedem Respekt. Und von Bruncvík hieß es bald: Das ist der, der selbst den König der Tiere gebändigt hat.

Schließlich kehrte Bruncvík nach Hause zurück, nach Böhmen. Er lebte als angesehener Bürger in Prag, den selbst der Herrscher häufig zu sich auf die Burg lud, ja, Bruncvík zu Ehren ließ er sich als Symbol der Macht einen Löwen ins Wappen setzen, und das ist bis heute so.

Was aber wurde aus Bruncvíks Schwert, das ganz von selbst

die feindlichen Köpfe der Reihe nach abschlägt? Man sagt, es sei in den Fundamenten der Karlsbrücke verborgen, nahe bei Bruncvíks Denkmal. Dort warte es, bis sein Tag gekommen sei, bis zu jenem Tag also, an dem es so schlecht um das tschechische Volk stehe, dass es schlechter nicht werden könne, und Wenzel, der mythische Fürst, aus dem Blaník hervorreite, auf einem weißen Ross, um mit seiner Schar den Tschechen zu Hilfe zu eilen. Dann wird sich auch die Karlsbrücke auftun und offenbaren, wo Bruncvíks Schwert ruht. Fürst Wenzel ergreift es, ruft „Allen Kopf ab!" und die Feinde werden bis auf den Letzten erschlagen.

Eine andere Legende erzählt von der Krone des kleinen Jesuskindes: vor vielen Jahren hatte einer der böhmischen Könige bei Mondlicht ein sehr schönes, junges Mädchen nahe der Karlsbrücke in den silbernen Wellen der Moldau baden sehen und sich in sie verliebt. Er nahm sie zur Frau und machte sie zur Königin. Und obgleich sich nun vor ihr durch diese Heirat ungeahnte Möglichkeiten auftaten, behielt sie viele ihrer alten Gewohnheiten bescheiden bei.

Einmal ging sie wieder im Mondlicht zur Moldau hinab, um zu baden. Mit einem Mal hoben sich die Wellen, die junge Königin drohte zu ertrinken, da reißt der Himmel auf und die Jungfrau Maria mit dem Kind im Arm reicht der Ertrinkenden ihre rettende Hand. Die Königin hielt sich mit festem Griff und gelangte glücklich ans Ufer. Da sieht sie, wie dem Jesuskind die Krone vom Kopf rutscht, hinabfällt und in den Wassern versinkt.

Am nächsten Morgen rief die Königin dazu auf, nach der verlorenen Krone zu suchen, doch mochte auch alles suchen, was Hände und Füße hatte und noch dazu schwimmen konnte, die Krone wollte sich nicht finden. Nach vielen Jahren starb die Königin und hatte ihrer Erretterin noch immer nicht die verlorene

Krone zurückgegeben. Die Moldau hatte den Schatz nicht herausgegeben. Der aber, der die Krone einst finden wird, so erzählt man, wird König werden und Böhmen zum mächtigsten Land der Welt erheben.

17
DER ALTSTÄDTER BRÜCKENTURM

Die beeindruckenden Türme an beiden Enden der Karlsbrücke runden das außergewöhnliche Erscheinungsbild dieses architektonischen Kleinods im alten Prag ab. Auf der Altstädter Seite ist dies der Altstädter Brückenturm, der auf dem zweiten Brückpfeiler ruht und an der Wende vom 14. zum 15. Jahrhundert errichtet wurde. Durchgeführt wurde der Bau von der Bauhütte des Veitsdoms, und zwar nach den Plänen von Peter Parler. Manche halten den Altstädter Brückenturm für den schönsten mittelalterlichen Turm in Europa. Zu seinem Ruhm tragen sicher auch die Plastiken bei, die ihn schmücken, so der Eisvogel mit dem Schleier, ein Symbol Wenzels IV., oder aber die bedeutenden Persönlichkeiten der böhmischen Geschichte. Wir finden hier Karl IV., Kaiser Sigismund, den heiligen Adalbert (Vojtěch) und als Brückenpatron natürlich auch den heiligen Veit. Sämtliche Skulpturen sind Meisterleistungen der mittelalterlichen Bildhauerkunst.

Beachtung verdient auch die Figurengruppe links. Der aufmerksame Betrachter kann hier zwei menschliche Figuren entdecken, einen Mann und eine

Altstädter Brückenturm

Frau. Der Mann ist, wie seine Kleidung erkennen lässt, ein Ritter, die Frau hebt ihren Rock. Seit alten Zeiten glaubte man, es handele sich hier um Martin Luther und die Nonne Katharina von Bora, Luthers spätere Frau. Die Darstellung ist somit angeblich Ausdruck des damals nicht geringen Hasses der Katholiken gegen die Lutheraner. Eine andere Sage sieht in der Darstellung einen Mönch, der eine Nonne verführen will, wobei der Künstler die Inspiration zu seinem Werk von Jan Žižka aus Trocnov bekommen haben soll. Eine Schwester des berühmten hussitischen Heerführers war angeblich Nonne. Ein Mönch soll sie verführt haben, und das soll der Grund gewesen sein, warum Žižka mit Mönchen kein Erbarmen kannte.

Nicht weit vom Altstädter Brückenturm blickt der so genannte Bradáč (Der Bärtige) auf die Wellen der Moldau – ein aus Stein gehauenes Basrelief, das einen bärtigen Männerkopf zeigt, der insbesondere bei Hochwasser den Bürgern ein verlässlicher Anzeiger war. Ein einziger Blick Genügte: hatte das Wasser die unterste Spitze des Bartes erreicht, dann, so hieß es, werde die Moldau über die Ufer treten, und es war höchste Zeit für die Uferbewohner, sich eine andere Bleibe zu suchen. War das Wasser bis an die Lippen des Bradáč gestiegen, würde es sich auch bald in die Straßen der Altstadt ergießen. Sollte es aber sogar an den kahlen Schädel des Bradáč fassen, würden die Wellen bis zum Altstädter Ring dringen, und die Bürger würden sich wie in Venedig nur mehr mit Booten durch die Stadt bewegen können.

Ursprünglich befand sich der Bradáč an einem Uferpfeiler der Judithbrücke, und zwar auf der Altstädter Seite. Durch

F. Kořenský: Kirche des hl. Franziskus von Assisi beim Kloster der Kreuzherren mit dem roten Stern

die Umgestaltung des Kreuzherrenplatzes im Jahr 1848 wurde dieser erste Brückenbogen verdeckt und daher der Bradáč an die Ufermauer des Platzes versetzt.

Vor kurzem hat man dort, wo sich das Relief ursprünglich befand, also am ersten Pfeiler der Judithbrücke, feierlich eine Kopie angebracht. Zu diesem neuen Bradáč führt der Durchgang, der sich zwischen dem weißen Konventsgebäude der Kreuzherren mit dem roten Stern und der Ufermauer des Platzes befindet. Das rundliche Relief sehen wir rechts neben der Holztreppe, die hinaufführt zu der Anlegestelle der Touristenschiffe.

18
DAS KLEMENTINUM

Das Klementinum ist nach der Prager Burg die größte bauliche Anlage in der Stadt. Der ursprüngliche Dominikanerkonvent in der Altstadt hat eine bewegte Geschichte hinter sich. 1420 wurde er von den Hussiten niedergerissen, 1496 erneuert und 1556 zogen auf Veranlassung König Ferdinands I. die Jesuiten hier ein und gründeten ein Kollegium. Doch über zwei Jahrhunderte hin kam es auch zu weitreichenden Umbaumaßnahmen, insbesondere im Geiste des sich entfaltenden Barock. Die Jesuiten schufen sich hier ein eigenes Theater, führten den

J. Koula: Innenhof des Klementinums mit Sternwarte

Brauch der Weihnachtskrippen und heiligen Gräber ein, gründeten ein Konvikt für die Söhne des Adels, ein Seminar für arme Schüler, eine Akademie, ein Gymnasium und eine Sternwarte. 1578 entstand Kirche St. Salvator, 1590 die Welsche Kapelle, 1663 die Spiegelkapelle, später noch eine neue dem heiligen Clemens geweihte Kirche. Zurzeit beherbergen die Räume des ehemaligen Seminars die Nationalbibliothek der Tschechischen Republik sowie die Technische Bibliothek. Den Grundstock der Nationalbibliothek bildeten die frühere Bibliothek der Karlsuniversität, die Bibliothek des Jesuitenordens sowie die Bibliotheken der unter Joseph II. aufgehobenen Orden. Im Besitz der Nationalbibliothek befinden sich Handschriften von unermesslichem Wert wie der Vyšehrader Codex, das Passional der Äbtissin Kunhuta, die Velislav-Bibel, eine Bilderbiebel, oder auch die Sechs Bücher des Tomáš von Štítný. Doch hinter den altehrwürdigen Mauern des Klementinums verbergen sich nicht nur Bücher.

Als die Jesuiten, so wird erzählt, unter Maria Theresia das Klementinum verlassen mussten, glaubten sie nicht, dass es für immer sei, und daher versteckten sie einen Teil ihres Besitzes gerade hier, in den Tiefen der Kellergewölbe.

In jener Zeit wohnte ganz in der Nähe ein einfacher Mann, der sein Brot als Maurer verdiente und manchmal bei den Jesuiten aushalf. Einmal spät nachts klopfte jemand an seine Tür. Er zögerte erst, aber das Klopfen ließ nicht ab, und so ging er schließlich öffnen. Vor der Tür standen zwei verhüllte Männer, die, wie sie sagten, einen vorteilhaften Auftrag für ihn hätten. Der Maurer wollte wissen, worum es sich handele, die Männer aber sagten nicht mehr, als dass er eine Mauer zu bauen habe. Damals herrschten für einfache Leute böse Zeiten, der Maurer hatte so gut wie nichts in der Tasche, dafür ein vielköpfige Familie, und so bedachte er sich nicht lange und begab sich mit den beiden Unbekannten hinaus in die Nacht. Kaum waren sie ein paar Schritte gegangen, verbanden die beiden dem Maurer die Augen und führten ihn von nun an wie einen Blinden. Sie gingen durch mehrere Gassen, bogen um mehrere Ecken, stiegen Treppen hinunter und waren an Ort und Stelle. Der feuchten Luft nach meinte der Maurer in einem Keller zu sein. Und so war es auch. Als man ihm die Augen frei band, erkannte er im spärlichen Licht der Laterne, dass er sich tief unter der Erde befand und vor ihm – da war ein riesiger Raum, gefüllt mit Silber, Gold und Edelsteinen. Und ebenso ein Berg Ziegel und Mörtel, so dass er gleich mit der Arbeit beginnen konnte. Einer der Männer, die ihn bewachten, erklärte ihm, er müsse den Raum bis zum Morgen so vermauert haben, dass für niemanden zu erkennen sei, dass es ihn je gegeben habe. Der Maurer machte sich an die Arbeit und gegen Morgen war er tatsächlich fertig. Er wurde fürstlich entlohnt und musste geloben, dass er keinem erzählen werde, was er hier in der Nacht getan habe, ansonsten nämlich würde er strengstens bestraft. Die geheimnisvollen Begleiter verbanden ihm die Augen erneut und führten ihn zurück vor die Tür seines Hauses.

Kurz darauf verließen die Jesuiten Prag. Dem Maurer war bald klar, in welchem Keller er in jener merkwürdigen Nacht eine Mauer aufgezogen hatte. Und er setzte sich sogleich in den Kopf, dass er diesen Ort wieder finden werde, die Mauer einreiße und den Schatz an sich bringe. Doch in die Kellergewölbe des Klementinums zu gelangen war gar nicht so leicht, und so träumte der Ärmste ein Leben lang von seinem geheimen Plan. Ein-, zweimal gelang es ihm, in die Gewölbe des ehemaligen Jesuitenkollegs vorzudringen, die Mauer aber, die er gebaut hatte, konnte er nicht finden. Offenbar hatte er sie allzu gut gebaut, denn nicht einmal ihm gab sie sich zu erkennen.

Als der Maurer sein achtes Jahrzehnt vollendet hatte, starb er. Sein Geist aber will dem greisen Leib keine Ruhe gönnen, bis heute irrt er durch die Kellergewölbe des Klementinums und sucht nach dem ungeheuren Schatz, den die Jesuiten hier vor vielen, vielen Jahren zurückgelassen haben.

19
DAS KAROLINUM

M it der Universität in Prag gründete Karl IV. 1348 die erste Hochschule Mitteleuropas. Prag gehörte damals zu den kultiviertesten europäischen Herrschersitzen, dessen Ansehen durch die Universität noch gehoben wurde. Wenige Jahrzehnte später sollten Lehrer dieser Universität, wie Johannes Hus, dazu beitragen, dass sich die Reformbewegung, die Verkrustung der damaligen Kirche aufbrechen wollte, offen auszubreiten begann. Auch die so genannte Nationalitätenfrage wurde in der Universität diskutiert. Mit dem Kuttenberger Dekret wurde dann bereits 1409 das Stimmrecht so geregelt, dass die böhmische Univer-

B. Roubalík: Erker der Kapelle St. Cosmas und Damian im Karolinum

sitätsnation insgesamt drei, die drei anderen Nationen zusammen nur mehr eine Stimme hatten. Nach der Niederschlagung des Ständeaufstands kam das Karolinum in die Hände der Jesuiten, wurde ihnen jedoch im Zuge der josephinischen Reformen wieder genommen, und ab 1848 begann sich die politische und gesellschaftliche Situation sowieso auf eine Teilung der Universität in eine tschechische und eine deutsche hinzuentwickeln, die 1881 dann auch erfolgte. 1920 wurde die tschechische Karlsuniversität zur alleinigen Rechtsnachfolgerin der alten Karlsuniversität erklärt.

Das Karolinum, der Kern und Inbegriff der berühmten, altehrwürdigen Karlsuniversität, war ursprünglich nur eines der universitären Kollegien. Das Karlskollegium war 1366 gegründet worden und 1386 in das Rothlev-Haus gezogen, wo es auch weiter bleiben sollte. Als eigenständiges Kollegium bestand es bis 1611 – damals wurden die eigenständigen Kollegien abgeschafft. Im Karolinum konzentrierte sich nun die gesamte Universität.

Das Karolinum war einst ein zweiflügeliges gotisches Haus mit Spitzdach, mehreren kleineren und einem großem Turm gewesen. Nach der Übernahme durch die Universität wurde der Gebäudekomplex nach und nach erweitert und umgebaut, im Erdgeschoss zogen Läden ein, Wohnungen für die Magister und ihre Assistenten mussten geschaffen werden. Natürlich gab es hier auch eine Aula, Hörsäle, ein Bad, eine Waffenkammer und einen Karzer.

Um das Karolinum ranken sich viele Sagen und etlicher Aberglauben, und die meisten dieser Geschichten beziehen sich auf die Gestalt des Bürgers Rothlev, dem das ursprüngliche Haus einst gehörte. Eine dieser Sagen erzählt von dem Wunder, das Rothlev geschah:

Vor langer Zeit lebte in Prag ein vermögender Bürger, der Weinberge besaß, Gärten, etliche Häuser und zudem noch ausgedehnte Bergwerke, die reich waren an Erzen aller Art. So lebte er in großem Wohlstand, hatte von allem in Hülle und Fülle, und doch war er mit seinem Leben nicht so ganz zufrieden. Denn er hoffte, eines Tages auf Gold zu stoßen. Im Innersten seines Herzens war er überzeugt, dass er in seinem Stollen, ließe er nur in südlicher Richtung graben, früher oder später eine Goldader entdecken müsse, geschehe was wolle.

Es kam der Tag, an dem das letzte Erz gefördert war. Nun war es an der Zeit, die Grube zu schließen und die Bergleute zu entlassen. Aber Rothlev tat nichts dergleichen, im Gegenteil. Als führten die Gruben noch immer Erz, schickte er seine Bergleute weiterhin unter die Erde und zwang sie taubes Gestein abzubauen und lange Gänge südwärts zu treiben. Die Freunde Rothlevs schüttelten ob dieses Unterfangens den Kopf, seine Frau aber bekam es allmählich mit der Angst, und schließlich begannen auch die Bergleute selbst an Rothlevs Verstand zu zweifeln. Der aber ließ sich nicht abbringen. Er trieb seinen Plan voran, starrsinnig wie ein Kind, und verkaufte einen Weinberg nach dem anderen. Nach den Weinbergen verkaufte er die Gärten und schließlich die Häuser. Die Freunde wanden sich einer nach dem anderen von ihm ab. Seine Frau schalt ihn zunächst, doch als sie einsehen musste, dass ihr Mann nichts darauf gab, begann sie zu weinen. Und dennoch verkaufte Rothlev den Großteil seines Besitzes und zog mit seiner Familie in das letzte ihm verbliebene Haus in der Prager Altstadt. Immer öfter zog er sich dort in die Keller zurück, um seiner Familie nicht vor Augen zu sein und ihr Gejammer nicht zu hören. Bei Kerzenlicht saß er über die Pläne seines Stollens gebeugt und grübelte, wo der Fehler gemacht worden war.

Zergrämt hatte sich Rothlev wieder einmal in die Gewölbe hinabbegeben, um die Pläne seines Unglücksstollens zu studieren, da huschte unversehens eine Ratte über seinen Fuß. Rothlev erschrak, ließ den Leuchter fallen und das heiße Wachs lief über die Zeichnung. Als Rothlev genauer hinsah, bemerkte er die Linie, die das Wachs auf das Papier gezeichnet hatte. Diese Linie führte direkt nach Norden.

Am nächsten Tag befahl Rothlev den Bergleuten, sie sollten in entgegengesetzter Richtung graben. Die Bergleute schüttelten nur den Kopf, aber Herr ist Herr, und wenn er zahlt, muss man gehorchen. So trieben sie den Stollen in nördlicher Richtung voran, und noch waren keine vierundzwanzig Stunden vergangen, als sie auf eine Goldader stießen. Rothlev und seine Familie waren gerettet. Die Goldader war mächtig und Rothlev konnte seinen verlorenen Besitz zurückkaufen.

Als der König, der damals gerade nach einem geeigneten Gebäude für die Universität Ausschau hielt, von diesem Wunder erfuhr, bot er Rothlev im Tausch für dieses Haus in der Prager Altstadt drei viel größere und prächtigere Häuser an. Seit jener Zeit hat die Prager Universität ihren Sitz im Haus des achtbaren Bürgers Rothlev, und es geht ihr eben so gut, wie das Gold in Rothlevs Grube gut war.

20
DAS PALAIS CLAM-GALLAS

Einer der schönsten barocken Bauten in der Stadt ist wohl das Palais in der Husgasse (Husova) mit der Konskriptionsnummer 158, das Palais Clam-Gallas. Es ruht auf den alten romanischen und etwas jüngeren gotischen Fundamenten eines früheren Prunkbaus, das dem mährischen Markgraf Johann Heinrich, einem Bruder Karls IV., gehörte.

Zwischen 1723–1729 ließ hier Graf Johann Wenzel von Gallas ein neues Palais errichten, sehr viel größer und auch großartiger,

J. Koula: Blick vom Marienplatz auf die Rückseite des Palais der Grafen Clam-Gallas

91

mit reich verzierter Fassade und steinernen Giganten, geschaffen von keinem Geringeren als dem Bildhauer Matthias Bernhard Braun. Auf ihren Schultern ruht gewissermaßen das ganze Palais, das freilich in der engen Husgasse doch ein wenig eingezwängt wirkt. Graf Gallas soll es ähnlich empfunden haben; daher wollte er auch die Häuser vor dem Palais kaufen, den gesamten Block zwischen der Seminaristengasse (Seminářská) und der Karlsgasse (Karlova) schleifen lassen und hier einen weiträumigen Platz schaffen. Das bedurfte einiger Anstrengungen und Überredungskünste, doch schließlich hatte Graf Gallas sein Ziel erreicht; die Kaufverträge waren vorbereitet. Der

F. Kořenský: Clam-Gallas--Palais, Portal

Bau des Palais sah seinem Abschluss entgegen, der ungeduldige Graf konnte es kaum erwarten, die von ihm so großartig gedachte Dominante des zukünftigen Platzes vor sich zu sehen. Die Gemeinde setzte den Tag fest, an dem sich der Graf zur Unterschrift der Verträge einstellen sollte. Aber der Graf war trotz allem doch auch ein Geizhals und schob den Besuch auf dem Gemeindeamt immer wieder hinaus. Warum sollte er die Häuser kaufen, bevor sein Palais ganz vollendet wäre? Für ihren Abriss war noch Zeit genug. Wozu ein Platz, solange das Palais noch immer Baustelle war? Wozu mit dem freien Platz eilen, der nur umso deutlicher zur Geltung brächte, dass das Palais selbst noch nicht fertig sei?

Und so verging Tag um Tag, Woche um Woche und die Verträge warteten auf eine Unterschrift. Bis eines Tages der Bau vollendet war und die Menschen von allen Seiten herbeiströmten, um das Palais zu bewundern. Der Graf hielt nun den Augenblick für gekommen und machte sich auf, die Kaufverträge zu unterschreiben. Umso größer war seine Überraschung, als er erfuhr, dass ihm die Gemeinde zwar erlaubte, alle Häuser des gegenüberliegenden Blockes abzureißen, allerdings nur unter einer Bedingung: dass er und seine Erben auf ewig eine Steuer entrichten würden, als ob die abgerissenen Häuser noch stünden.

Der Graf war reich, aber je mehr sein Besitz wuchs, desto knausriger wurde sein Herz. Die Vorstellung, eine Steuer für Häuser zu zahlen, die es gar nicht mehr gab, schien ihm schlichtweg nicht akzeptabel, und er sah von dem geplanten Kauf ab. Der Häuserblock gegenüber dem Palais blieb erhalten, und das bis auf den heutigen Tag – ebenso das vornehme Palais, das sich ins Gassengewirr der Altstadt zwängt und drängt, als stünde es hier aus Versehen.

21
DAS PALAIS GOLZ-KINSKÝ

Auf jener Seite des Altstädter Rings, wo sich die Kirche Maria Teyn so majestätisch erhebt, tritt ein ausladendes, prächtiges Palais hervor, das Graf Johann Ernst Golz hier in der zweiten Hälfte des 18. Jahrhunderts errichten ließ. Doch allzu lange befand es sich nicht in seinem Besitz. Bald nachdem es vollendet war, ging es an Franz Ulrich Graf Kinský über – daher der Doppelname Palais Golz-Kinský. Ende des 19. Jahrhunderts beherbergte es das deutsche Gymnasium, später verlagerte man die graphischen Sammlungen der Nationalgalerie hierher. Aber kehren wir ganz zum Anfang zurück, als das Palais nur erst auf dem Papier existierte, endgültige Gestalt vorerst in der Fantasie von Bauherr und Architekt angenommen hatte.

J. Koula: Ostseite des Altstädter Rings mit dem Palais der Fürsten Kinský

Von Graf Johann Ernst Golz erzählt man, er sei sehr reich, aber auch sehr eitel gewesen. Wo er ging und stand, grübelte er darüber nach, wie er sein Palais und somit auch die Bedeutung der eigenen Person am wirkungsvollsten zur Geltung bringen könne. Diese Frage quälte ihn lange und schließlich vertraute er sich seinem Baumeister an. So kam es zu der Idee, das Palais gegenüber den anderen Gebäuden etwas nach vorne zu rücken, zur Platzmitte hin, und dabei die seitliche Fassade um vier Fenster zu verlängern. Der Baumeister versicherte dem Grafen, das Palais werde auf diese Weise weitaus mächtiger wirken, und damit war die Sache entschieden.

Der Graf begab sich aufs Rathaus, um die Genehmigung hierfür einzuholen. Als aber die Ratsherren sahen, dass es dem Grafen um nichts anderes ging, als die eigene Bedeutung herauszustellen, die eigene Wichtigkeit zu unterstreichen, lehnten sie das Gesuch ab. Der Graf ließ sich nicht entmutigen. Er wusste nur zu gut, dass die Menschen bestechlich sind. Der Gedanke, die Vorderfront einige Spannen in den Platz hinein zu verschieben, war so verlockend, dass er in Begleitung eines seiner Beamten der Reihe nach drei Ratsherren aufsuchte, die angesichts der erklecklichen Summe, die ihnen winkte, ihre Meinung gerne änderten und die erforderliche Genehmigung für den Grafen unterschrieben.

Der Bau konnte also beginnen. Die Fundamente wurden gelegt, die Mauern wuchsen auf, und sogleich zeigte sich, dass Graf Golz sich über das Verbot hinweggesetzt und sein Palais tatsächlich in den Platz hineingerückt hatte.

Die Ratsherren säumten nicht, den eitlen Grafen zu sich zu bestellen. Doch der hatte vorgesorgt. Die drei Unterschriften in der Tasche machte er sich leichten Herzens zum Rathaus auf, trat vor die Ratsherren hin und legte ihnen die unterschriebenen Dokumente vor. Die Ratsherren wurden bleich, sie mussten den

Grafen ziehen zu lassen. Eine solche Tat freilich konnte nicht ungestraft bleiben. Die eigentlichen Schuldigen waren offenbar ganz woanders zu suchen – der Rat ließ die drei Verräter, die unterschrieben hatten, in den Kerker werfen und berief für den folgenden Tag das Gericht ein.

Bei der Verhandlung war nicht nur der Richter mit allen Ratsherren zugegen, der Burggraf und natürlich der Schreiber, auch das Prager Volk war so zahlreich erschienen, dass es gar nicht in den Gerichtssaal hineinging. Zur Abschreckung war die Verhandlung nämlich öffentlich. In den Zeugenstand trat nach Graf Golz auch der Beamte, der den Grafen begleitet und den drei bestechlichen Ratsherren das Geld ausgehändigt hatte. Die Schuldigen leugneten lange, doch unter dem Druck der Aussagen musste schließlich einer nach dem andern bekennen. Das Urteil lautete: Todesstrafe. Diese sollte in der Frühe des nächsten Morgens vollstreckt werden.

Die Zimmerleute säumten nicht und richteten drei Galgen auf. Die Nacht brach an, die Menschen zogen sich in ihre Häuser zurück und der Platz lag in Dunkel getaucht. Und dennoch huschte da eine Gestalt von Haus zu Haus, eines jungen Mädchens, das um Gnade für ihren verurteilten Vater bat. Es lief von einem Ratsherren zum andern, doch wenn man ihr überhaupt öffnete, Gnade wollte niemand gewähren. Und so lenkte sie ihre Schritte, halb von Sinnen vor Schmerz, dorthin, wo das Unglück begonnen hatte, zu den in Bau befindlichen Grundmauern des zukünftigen Palais. Was sich genau in dieser Nacht zutrug, weiß keiner. Sicher aber ist, dass das Mädchen seitdem von keinem mehr gesichtet wurde. Man sagt, die Unglückliche sei so lange durch den Bau geirrt und habe den Grafen gesucht, um ihn um Hilfe zu bitten, bis sie in eine tiefe Grube gefallen sei. Am nächsten Tag, zur selben Stunde, als ihr Vater gehenkt wurde, hätten die Maurer das Mädchen in die Fundamente eingemauert. Und genau das sei der Grund, warum das Gebäude alle Gefahren künftiger Zeiten gut überstanden habe und bis heute – in seiner prominenten Platzierung – vor uns steht. Aus anderen Quellen geht hervor, dass es sich hier nicht um einen Zufall handelte, sondern um einen schrecklichen Aberglauben: In alten Zeiten war es Brauch, dass insbesondere beim Bau einer Burg oder Wehranlage, die dem Ansturm zahlreicher Feinde standhalten sollte, der Leib einer Jungfrau oder eines unschuldigen Kindes in die Fundamente eingemauert wurde. Nur so war gewährleistet, dass der Bau auf ewig Bestand hätte.

22
DER PLATEYS

Prag ist eine alte und ehrwürdige Stadt. Die Häuser hier erinnern sich an so ferne Zeiten, dass selbst ihre Bewohner sich nicht den geringsten Begriff davon machen. In jedem Winkel lässt sich ein geheimer Genius loci erahnen, enge Gässchen verschwinden im Schatten der Jahrhunderte, und sollte es überhaupt je irgendwann irgendwo eine Geistererscheinung gegeben haben, dann, so ist man sofort zu glauben bereit, sicher hier. Freilich, übernatürliche Erscheinungen zeigen sich nicht nur über uneinnehmbaren Burgen, in dunklen Verliesen, majestätischen Kirchen oder alten Mühlen. Es gibt auch scheinbar weniger erhabene Örtlichkeiten, um die der Aberglaube seine Spukgeschichten spinnt. Eine davon ist der Plateys.

Das ursprüngliche Palais der burgundischen Herzöge finden wir auf der heutigen Národní třída, Konskriptionsnummer 416. Es stammt aus dem 14. Jahrhundert, die heutige Gestalt jedoch verdankt es Franz Ritter Doubek, der es zu einem der ersten Mietshäuser Prags umbauen ließ. Das Ganze ist eigentlich ein Konglomerat aus Gebäuden verschiedener Entstehungszeit, gerahmt von einem Platz, der auf den Kohlenmarkt führt. Der Kern dieses Komplexes ist jener Flügel, der zu diesem Platz hin liegt und im 16. Jahrhundert von dem damaligen Besitzer Jan Plateys von Plattenstein umgebaut wurde. Einige Innenräume haben noch immer bemalte Balkendecken, im zweiten Geschoss befindet sich ein geräumiger Saal, der über zwei Stockwerke reicht, das Erdgeschoss birgt Reste der Altstädter Befestigung aus dem 13. Jahrhundert – womit wir wieder bei den Herzögen von Burgund wären und zugleich am Beginn einer geheimnisvollen Begebenheit:

Die Geschichte des Plateys ist sehr bewegt. Das meint auch der Chronist Václav Hájek aus Libočany. Bei ihm lesen wir, dass hier zu Zeiten Karls IV. das prächtige Haus Friedrichs von Burgund gestanden habe. Dieser hatte den Kaiser oft auf seinen Reisen durch Europa begleitet, war daher ein häufiger Gast in Prag und hatte sich nicht weit von St. Martin, gleich an der Altstädter Wehrmauer, ein ansehnliches Palais errichten lassen.

Herzog Friedrich von Burgund verfügte über eine zahlreiche Dienerschaft und bestellte auch einen Verwalter für das Palais, der insbesondere dann, wenn er selber nicht anwesend wäre, über das Gebäude wachen und es seinen Bedürfnissen entsprechend erhalten sollte, damit er es jederzeit bewohnbar vorfände.

Der Verwalter hatte eine brave Frau und drei Söhne. Der älteste Jan war ein großer, hübscher, schlanker Junge mit blondem Haar. Als er herangewachsen war, fand der Herzog Gefallen an ihm, ließ ihm schöne Kleider machen und nahm ihn als seinen Begleiter mit auf Reisen. Der Junge war nicht nur gelehrig, sondern wirklich schön und zog aller Orten die Aufmerksamkeit auf sich. Jeder hielt ihn für einen Adligen, der Jüngling verstand es auch, sich wie ein solcher zu benehmen und gereichte seinem Herrn nicht im Geringsten zur Schande.

Einmal weilte der Herzog mit seiner Suite wieder einmal längere Zeit in Burgund. Und wie der Zufall so spielt – der Jüngling machte die Bekanntschaft einer verheirateten Frau, verliebte sich in sie und entführte sie. Doch die Wahrheit kam bald ans Licht, der aufgebrachte Gemahl beschwerte sich beim Herzog persönlich, der darüber in großen Zorn geriet. Der Jüngling hatte, so befand er, die Grenzen des Anstands überschritten, ein angesehnes Adelsgeschlecht beleidigt und den Ruf des Herzogs geschädigt. Doch Jan, zutiefst verliebt, war mit seiner Auserwählten zurück nach Böhmen geflohen, wo er nahe bei Prag auf dem Landsitz eines Adligen Zuflucht fand. Er nahm die bereits

Verheiratete zur Frau und begann seinem neuen Herrn ergeben zu dienen.

Jahre gingen ins Land, die Krönungsfeierlichkeiten für Anna, die zweite Frau Karls IV., standen bevor. Der Adlige, der Jan aufgenommen hatte, wollte nach Prag auf die Burg und hatte sich als Begleiter gerade ihn ausersehen. Den jungen Mann befiel eine böse Ahnung. Vergebens bat er, zu Hause bleiben zu dürfen, vergebens suchte er nach Ausflüchten, warum er an den Feierlichkeiten nicht teilnehmen könne, sein Herr bestand darauf, dass er mitkäme. So näherte sich der Schicksalstag. Auf der Prager Burg hatten sich viele Gäste eingefunden, alles redete durcheinander, aber so mancher bemerkte den ungewöhnlich schönen jungen Mann im Gefolge des Landadligen. Auch dem Herzog von Burgund kam dies zu Ohren, und der musste nicht lange überlegen, sondern wusste sofort, dass er den lang gesuchten Deserteur und Übeltäter nun endlich gefunden hatte. Der unglückliche Jan wurde gefasst, die böse Vorahnung erfüllte sich. Der Herzog von Burgund ließ Jan sogleich zum Plateys bringen und hinrichten – für seinen Ungehorsam, für die Entführung einer verheirateten Frau aus adligem Haus und für die unerlaubte Flucht.

Der verzweifelte Verwalter, Jans Vater, bat um Gnade für seinen Sohn, doch der erzürnte Herzog erhörte ihn nicht. So harrte der unglückliche Mann aus, bis die Nacht gefallen war und trug den Leichnam seines ältesten Sohnes in die tiefsten Gewölbe des Plateys hinab, um sie dort zu bestatten. Seit jener Zeit, so heißt es, verlässt Jans Geist, wenn sich sein Schicksalstag jährt, der Krönungstag Königin Annas, die Kellergewölbe und irrt auf der Suche nach seiner Geliebten im Plateys umher.

23
DAS PULVERTOR

Im fernen 13. Jahrhundert war Prag von einer Stadtmauer umgeben und jeder, der aus dem östlichen Böhmen kam, insbesondere aus Kuttenberg (Kutná Hora), betrat die Altstadt durch ein Tor, das auf den ersten Blick nicht gerade sonderlich repräsentativ wirkte und daher Odraná genannt wurde, das „Schäbige". Durch dieses Tor zog aber auch die Krönungsprozession in die Stadt, und daher musste ein eindrucksvollerer und seiner Bestimmung würdigerer Zugang zur Stadt entstehen.

Das alte, baufällige Tor wurde geschleift und an seiner statt auf Kosten der Prager Altstadt in den 70er Jahren des 15. Jahrhunderts das herrliche Pulvertor errichtet. Hier beginnt der Königsweg, der zur Kathedrale St. Veit auf die Prager Burg führt. Manche vermuten, dass das Tor deshalb Pulvertor genannt wurde, weil der Staub nur so wirbelte, wenn die Wagen in die Stadt einfuhren, doch Fantasie und Wirklichkeit sind zwei Paar Stiefel. Die historischen Quellen verweisen auf das Ende des 17. Jahrhunderts, als das Tor Lagerstätte für Schießpulver war.

Früher befand sich am Pulvertor eine Uhr, die wir heute vergeblich suchen. Eines Tages, so wird erzählt, kam ein unbekannter Reiter herangesprengt und sagte, er müsse augenblicks den Bürgermeister sprechen. Die Wachen verstellten ihm den Weg und wollten den durch sein wildes Äußeres sogleich verdächtigen Mann nicht in die Stadt lassen. Der Reiter führte für sich ins Feld, dass er auf dem Rathaus sein müsse, noch bevor es Mittag schlägt, um dem Bürgermeister von seinem Herrn als Zeichen des Dankes einen kostbaren Edelstein zu übergeben. Das nämlich solle bei bestem Lichte geschehen, wenn der Stein in alle

Richtungen hin mit den Strahlen der Sonne spielen könne. Die Wachen aber handelten mit Bedacht und Vorsicht und ließen die Uhr am Pulvertor anhalten, um den verdächtigen Fremden so lange wie möglich hinzuhalten. Inzwischen war ein geheimer Kurier im Rathaus eingetroffen und hatte gemeldet, dass sich in Kürze ein Reiter mit einem kostbaren Edelstein einfände, dessen eigentliche Absicht es aber sei, dem Bürgermeister ans Leben zu gehen. Der säumte nicht, veranlasste das Nötige, und der unbekannte Reiter, der am Pulvertor der vermeintlich wahren Mittagstunde entgegenharrte, wurde gefangen genommen. Als die Torwachen die Uhr später wieder in Gang setzen wollten, gelang ihnen dies nicht. Ein Uhrmacher nach dem anderen versuchte vergeblich sein Glück. Was aber mit einer Uhr anfangen, deren Zeiger still stehen? Und so wurde sie ein für alle Mal vom Pulvertor entfernt.

J. Koula: Pulvertor (Blick von Osten)

24
DAS KLOSTER ST. AGNES

Auf der rechten Moldauseite, direkt am Ufer, wo Barmherzigengasse (U milosrdných), Ziegengasse (Kozí) und Agnesgasse (Anežská) zusammenlaufen, steht ein altes Kloster. Der gotische Bau gehört nicht nur zu den bedeutendsten Denkmälern Prags – es handelt sich um den ersten gotischen Bau in Böhmen überhaupt. Und so ist es auch kein Wunder, das sich zahlreiche Legenden um ihn ranken.

Eine der bekanntesten folgt dem klassischen Muster der unerfüllten, tragischen Liebe eines Mädchens, das den geliebten Mann nicht heiraten kann, weil es aus einer niedrigeren Gesellschaftsschicht stammt. Um dieser Liebe ein Ende zu setzen, gab der Vater seine Tochter ins Kloster, der Jüngling aber suchte das Mädchen seines Herzens auch weiterhin auf. Das konnte der Vater nicht dulden. Im Schutze der Nacht lauerte er den Liebenden an der Klostermauer auf und erstach in seinem wütenden Hass den verbotenen Liebhaber seiner Tochter. Als das Mädchen erkannte, wer den Freund getötet hatte, stürzte sie sich, vor Verzweiflung rasend, auf den Vater, um ihr zerstörtes Glück zu rächen. Der Vater, der in Gegenwehr die bewaffnete Hand erhob, tötete dadurch ungewollt auch die eigene Tochter und floh feige davon. Die Nacht wich, der Tag brach an und die Nonnen fanden bei der Mauer zwei Tote. In dem Mädchen erkannten sie sogleich ihre Mitschwester und begruben sie in aller Stille auf dem Klosterfriedhof.

Die Jahre zogen dahin, und wieder klopfte eine Unglückliche an der Pforte des Klosters. Sie hatte sich in einen reichen Jüng-

Ed. Herold: Hofplatz beim Agneskloster

ling verliebt, dessen Vater jedoch auf einer großen Mitgift bestand. Das Mädchen wusste, dass sie eine so große Summe nie würde ersparen können und beschloss, ins Kloster zu gehen. Die Klarissinnen boten ihr Zuflucht, doch das Mädchen wurde von Tag zu Tag unglücklicher. Schließlich wollte sie ihrem Leben ein Ende setzen und verschaffte sich Gift. Lieber im Grab liegen, sagte sie sich, als leben und wissen, dass der Liebste mit einer anderen Hochzeit hält.

Als sich das Kloster an jenem Tag zur Ruhe begab und die Schwestern sich schlafen legten, stellte das Mädchen das Fläschchen mit dem Gift vor sich auf den Tisch, betete inbrünstig und erflehte von Gott Verzeihung für ihre Verzweiflungstat. Da flog mit einem Mal wie von selbst das Fenster auf, das Mädchen hob erschrocken den Blick und hätte schwören können, dass da der Schatten einer unbekannten Schwester war. Ein Windstoß fuhr ins Zimmer, fegte das Fläschchen vom Tisch, es zerbrach und das Gift zerrann auf den kalten Kacheln. Das Mädchen hielt verwundert inne. War das nicht ein Zeichen? Sie ließ von ihrem schrecklichen Vorhaben ab. Die ganze Nacht über verfolgten sie furchtbare Träume und Höllenvisionen.

Als die Unglückliche am nächsten Morgen erwachte, war des Staunens kein Ende. Dort, wo am Vorabend das Gift zerronnen war, blitzte und blinkte pures Gold. Das Mädchen wollte seinen Augen nicht trauen. Sie rief die anderen Schwestern herbei und gestand, was geschehen war. Die Mutter Oberin fiel auf die Knie und faltete die Hände zum Gebet. Ein Wunder sei geschehen, damit das Kloster nicht Schauplatz einer zweiten Tragödie würde, und sie begann innig zu beten. Die Schwestern warteten, ob das geheimnisvolle Gold nicht wieder verschwände, doch der Schatz blieb, wo er war, und jeder konnte ihn berühren. Das Mädchen nahm sich, was es für die Mitgift benötigte und ließ das Übrige den Klarissinnen. Sie heiratete glücklich und dankte der heiligen Agnes, der das Kloster geweiht ist, bis ans Ende ihrer Tage, dass sie sie damals in der Nacht davor bewahrt hatte, sich das Leben zu nehmen.

Mag hinter den Klostermauern ein Wunder geschehen sein oder nicht, sicher ist, dass die später heilig gesprochene Agnes hier tatsächlich gelebt hat. Das Kloster war nämlich von Wenzel I. in der ersten Hälfte des 13. Jahrhunderts gerade auf Veranlassung seiner Schwester Agnes für den Klarissenorden, den diese fromme Frau in Böhmen einführte, gegründet worden. Später mussten die Klarissinnen vor den Hussiten fliehen und das Kloster stand einige Zeit leer. Ludwig der Jagiellone wies es den Minoriten von St. Jakob zu, und schließlich hielten hier die Dominikaner Einzug, die den Jesuiten das Klementinum überlassen mussten, doch als die Dominikaner dann zu St. Ägidien übersiedelten, kehrten die Klarissinnen in ihre angestammten Gebäude zurück und blieben dort bis 1782, als Joseph II. das Kloster aufhob.

Die Klosteranlage sah manch schweren Zeiten entgegen, sie diente zunächst als Lagerraum, dann als Werkstatt, auch viele Arme suchten sich hier mit der Zeit ein Obdach. Die Anlage verfiel über lange Jahre vor sich hin, bis sich der Staat ihrer in der zweiten Hälfte des 20. Jahrhunderts annahm und Kirchenschiff und Konventsgebäude renovierte, um diese der Nationalgalerie zur Verfügung zu stellen, die hier bis heute mit einer ihrer Abteilungen beheimatet ist.

Mit jener Zeit, in der die Klarissinnen das Kloster verlassen mussten, verbindet sich die Legende von der nicht beerdigten Nonne: Diese war alt und lahm und konnte aus eigener Kraft kaum ein paar Schritte gehen. Und so weinte sie von allen Schwestern am meisten darüber, dass sie das Kloster verlassen sollte. Sie war dem Tod nahe und dachte oft über ihn nach, und so konnte sie sich nicht vorstellen, irgendwo anders begraben zu sein als in der heiligen Erde des Agnesklosters. Vergebens aber bat sie die Beamten, dass sie hier den Tod abwarten dürfe, die Verordnung war unumstößlich und galt für alle.

Die alte Nonne zog mit zwei weiteren Schwestern in ein Haus in der Langen Gasse (Dlouhá), wo sie nach drei Tagen ihr Leben beschloss. Die Schwestern wussten nur zu gut um den letzten Wunsch der Verstorbenen und so baten sie, ob sie nicht wenigstens deren sterbliche Überreste in der heiligen Erde des Klosterfriedhofs beisetzen dürften, an jenem Ort, den sie so sehr geliebt und dem sie ihre ganzes Leben geweiht hatte. Doch alles Flehen war vergebens, auch diese letzte Bitte sollte unerhört bleiben.

Doch dann geschah ein Wunder – während der letzten Nacht vor der Beerdigung verschwand die tote Nonne aus dem Sarg; ihre Leiche wurde nie gefunden. Die Leute sagen, der Geist der heiligen Agnes habe die geliebte Schwester auf den Klosterfriedhof gebracht und sie dort mit allen Ehren bestattet, damit sich ihr letzter Wunsch erfülle. Doch niemand hat etwas gesehen, niemand etwas gehört, und so wird das Geheimnis um die Nonne, die begraben oder auch nicht begraben wurde, für immer ungelüftet bleiben.

25
DAS FAUSTHAUS

Mitte der 14. Jahrhunderts, als Karl IV. die Prager Neustadt gründete, entstand auch ein weitläufiger Platz, der heute Karlsplatz heißt. Mit seinen 80 550 Quadratmetern ist er der größte Platz in Prag und zählt auch zu den größten Plätzen Europas. Hier wurde das Neustädter Rathaus errichtet, der Platz selbst wurde zu einem riesigen Markt. Die Neustadt verfügte über das alleinige Recht, Viehmärkte abzuhalten; daher hieß der Platz damals auch Viehmarkt. Gehandelt wurde hier aber auch mit allem Möglichen; im so genannten Undrlák, einer Holzbude, wurde z.B. Salz- und Trockenfisch verkauft. Aufgrund eines von Karl IV. 1352 erteilten Privilegs wurden in einem hölzernen Turm auf der Mitte des Platzes jeweils am zweiten Freitag nach Ostern die Kronjuwelen ausgestellt, ebenso Heiligenreliquien

Karlsplatz: Einzug Maria Theresias in Prag anlässlich ihrer Krönung zur böhmischen Königin 1743

Ed. Herold: Karlsplatz mit Blick auf das Fausthaus

und andere bedeutsame Kleinodien. Die Menschen strömten aus dem ganzen Königreich auf den Karlsplatz herbei. Der hölzerne Turm wurde später durch die Fronleichnamskapelle ersetzt, einen gotischen Steinbau, der sich hier bis 1791 befand.

Die ursprüngliche Bebauung des Platzes war anders als heute. Nach den strengen Richtlinien Karls IV. durften die Häuser nur einstöckig, bestenfalls zweistöckig sein, im Laufe der Zeit freilich, insbesondere im 19. Jahrhundert, schossen die Gebäude mehr und mehr in die Höhe, wie im Zentrum einer Stadt auch nicht anders zu erwarten. Eines der ältesten Häuser war vermutlich das Fausthaus; es befindet sich gleich neben dem Dientzenhofer-Tor, das in den Garten der Kirche St. Johannes von Nepomuk auf dem Felsen führt.

Das Fausthaus, Konskriptionsnummer 520, ist im Kern gotisch, wurde jedoch später im Geist der Renaissance umgebaut. Der Umbau geht vermutlich auf den kaiserlichen Leibarzt

110

Johann Kopp zurück. Das Gebäude freilich sollte seinen Besitzer noch öfters wechseln. Ende des 16. Jahrhunderts hat hier der englische Alchimist Edward Kelley gewohnt. Kurze Zeit beherbergte es eine Einrichtung für Taubstumme. Anfang des 18. Jahrhunderts gelangte das Gebäude in adligen Besitz, die Mladota von Solopysky erwarben es und gaben ihm sein heutiges barockes Aussehen. Die Maurer, so wird erzählt, seien bei den groß angelegten Umbaumaßnahmen auf eine Öffnung gestoßen, die sich trotz aller Bemühungen nicht habe vermauern lassen. Und bald hieß es, durch diese Öffnung sei der Teufel geflogen. Man weiß, dass das Haus im Siebenjährigen Krieg während der preußischen Belagerung Prags, genauer gesagt im Jahre 1757, Schaden genommen hat; gut möglich also, dass eine Kanonenkugel der preußischen Artillerie das Loch zu verantworten hat, aber ein Märchen zu glauben ist schöner. Über das Fausthaus wird nämlich seit jener Zeit eine interessante Geschichte erzählt. Wahr an ihr mag sein, dass ein Mladota sich mit ganzer Seele den Künsten der Chemie verschrieben hatte. Mit großer Begeisterung führte er die verschiedensten chemischen Experimente durch und versetzte seine Umgebung mit allerlei pyrotechnischen Demonstrationen in Angst und Schrecken. Die Menschen aber brachten sein Tun – ganz im Geiste der damaligen Romantik – in Verbindung mit Doktor Johann Faust – und schon war eine weitere Sage geboren:

Vor vielen, vielen Jahren wohnte in dem Eckhaus am Karlsplatz gegenüber dem Emauskloster Doktor Faust. Er trieb hier vielerlei Zaubereien, suchte nach dem Elixier der Jugend und stellte echtes Gold her. Das war Gotteslästerung. Als seine Zeit um war, kam der Teufel und holte seine Seele. Seit jenem Tag war das Haus dem Verfall preisgegeben, denn es fand sich keiner, der genügend Mut gehabt hätte, über seine Schwelle zu treten. Bis sich eines Tages ein armer Student vor dem Tor einfand, der nicht wusste, wo er sein Haupt betten sollte. Er nahm also allen Mut zusammen, trat ein und hatte nun nicht nur ein Dach überm Kopf, sondern, wie er verwundert feststellen musste, auch höchst merkwürdige Dinge vor Augen: ein Boot mit zwei Ruderern, die zu rudern begannen, sobald man den Blick auf sie richtete, ein anmutiges Mädchen, das jeden, der näher kam, mit Weihwasser besprengte, einen kleinen Trommler, der auf einen Wink hin trommelte, eine Treppe, die verschwand, wenn man auf ihr nach oben stieg... Das größte Rätsel aber erwartete den fassungslosen Jüngling im Speisezimmer. Der Tisch war gedeckt, doch statt Fleisch lag auf silbernem Teller ein silberner Taler. Kaum hatte der Student den Taler am nächsten Tag durchgebracht, fand er an selber Stelle einen zweiten. Und das wurde ihm zum Verhängnis. Der unbedachte Jüngling vernachlässigte seine Studien, frönte dem Trunk und lebte ohne Plan und Ordnung dahin, bis er eines Tages auf unerklärliche Weise verschwand. Der Teufel, so heißt es, hat ihn geholt – wie ehemals den Doktor Faust.

26
DIE JUDENSTADT

Auf den Tag genau bestimmen zu wollen, seit wann die Juden in Prag ansässig waren, wäre ein ebenso hoffnungsloses Unterfangen wie der Legende zu glauben, nach der zwei Engel den Grundstein der Altneusynagoge auf ihren schneeweißen Flügeln aus Jerusalem gebracht hätte. Ziemlich sicher aber ist, dass jüdische Händler und Geldwechsler bereits im 10. Jahrhundert in der Prager Burgsiedlung erscheinen. Eine jüdische Synagoge findet sich erstmals im 12. Jahrhundert erwähnt; damals entstand offenbar auch das jüdische Getto bzw. das Gassengewirr – von Mauern umgeben und durch mehrere Tore abgeriegelt –, in dem ausschließlich Juden lebten.

Im Mittelalter lebten die Juden in Prag in ständiger Gefahr, Pogrom folgte auf Pogrom, 1541 wurden die Juden, von einigen wenigen Ausnahmen abgesehen, aus Böhmen ausgewiesen. Als diese Verordnung aufgehoben wurde, kehrten die Juden nach Prag zurück, und historische Quellen belegen, dass ihre Zahl bis zum Ende des 16. Jahrhunderts deutlich gestiegen war. Die Situation im Getto wurde dadurch nicht besser, doch alle Bemühungen um Erweiterung, damit man sich nicht auf so kleinem Raum drängen müsse, blieben vergeblich. Der Widerstand der Altstädter Bürger war stark, und so entstanden allmählich jüdische Gemeinden außerhalb der Altstadt.

Bemerkenswert ist, dass die Juden zu Beginn des 18. Jahrhunderts ungefähr ein Viertel der gesamten Prager Bevölkerung stellten. Allerdings kam es 1744 zu einer erneuten Ausweisung aus Böhmen, die jedoch schon vier Jahre später wieder aufgehoben wurde. Erst der aufgeklärte Herrscher Joseph II. sollte zumindest teilweise die strengen Grenzen zwischen dem Getto und den anderen Stadtteilen durchlässiger machen. Das neu entstandene Areal bekam den Namen Josefstadt (Josefov). Im Jahr 1850 wurde die Josefstadt zum fünften Prager Bezirk und die letzten antijüdischen Gesetze wurden aufgehoben. Die Juden galten nun als gleichberechtigte Bürger; ihr Viertel aber sollte sein Gesicht erst zu Beginn des 20. Jahrhunderts verändern, als nach und nach die engen, krummen Gässchen mit den geduckten, dumpfen Häusern verschwanden und die ganze Judenstadt sich in das sonstige Erscheinungsbild Prags einzugliedern begann.

Diesem langen, dornigen und verschlungenen Weg verdanken wir viele Denkmäler und noch mehr Geschichten und Ereignisse, die unter den übrigen Sagen und Legenden des alten Prag einen einzigartigen und prominenten Platz behaupten.

Das war nämlich so, noch zu Zeiten von Fürstin Libuše....

Eines Tages, kurz vor ihrem Tod, hatte die prophetische Herrscherin wieder eine Vision. Sie sah ein kleines Volk, das aus weiter Ferne gezogen kam und nach einem Ort suchte, wo es sich niederlassen und in Ruhe und Frieden leben könnte. Als Libuše bald danach starb, ging die Herrschaft an ihren Sohn und dann an ihren Enkel. Die Jahre gingen dahin, und tatsächlich kamen erste Grüppchen von Juden ins Land, die auf der

Rudolf II.

114

Flucht vor dem Feind den Fürsten um Asyl und Schutz baten. Da erinnerte sich der Herrscher der alten Prophezeiung und entsprach dieser Bitte. Er wies den Fremden einen Platz am linken Moldauufer an, ungefähr da, wo heute der Újezd verläuft. Die Juden vergaßen ihm das nicht. Als der Fürst später Krieg gegen seinen nördlichen Nachbarn führte, waren gerade sie es, die ihn finanziell und wirtschaftlich stark unterstützten, so dass es ihm nicht zuletzt dank ihrer Hilfe gelang, den Feind zu besiegen und aus dem Land zu verjagen.

Die Zeit verging, mehr und mehr Juden kamen, so dass ihnen das zunächst angewiesene Siedlungsgebiet bald zu klein wurde. Inzwischen aber hatte Fürst Bořivoj die Herrschaft

F. Kořenský, E. Němeček: Schmilesgasse (Šmilesova)

115

F. Kořenský: *Das alte jüdische Rathaus*

übernommen, auch er ein Přemyslide, und auch er kam den Juden entgegen und wies ihnen einen neuen Siedlungsplatz an, diesmal auf dem rechten Ufer der Moldau, und so entstand die Prager Judenstadt.

27
DIE PRAGER SYNAGOGEN

In der Prager Judenstadt haben sich so viele Synagogen erhalten, wie die Woche Tage hat, also sieben. Außerdem gibt es noch je eine in den Stadtteilen Libeň und Smíchov, wo es ebenfalls große jüdische Gemeinden gab. Doch kehren wir zurück in die Gassen des alten Prag, in die ehemalige Josefstadt, in die Alt- und die Neustadt.

Das älteste jüdische Gotteshaus in Prag ist die gotische Altneusynagoge in der Maislgasse (Maislova). Sie ist nicht nur die älteste Synagoge in Prag – seit der Zerstörung der Wormser Synagoge durch die Nationalsozialisten ist sie auch die älteste Synagoge Europas. Sie stammt aus dem Jahr 1270, hat zwei Treppengiebel aus Ziegelstein und an drei Seiten niedrigere Anbauten. Als ältester Teil gilt der südliche Anbau mit dem gotischen Spitzbogengewölbe, den man direkt von der Straße durch ein niedriges Portal betritt. An dieser Stelle soll ursprünglich eine viel kleinere Synagoge aus Holz gestanden haben, daher bekam der Neubau den Namen „Altneusynagoge". An ihren Wänden, so heißt es, klebt bis heute das Blut der Juden, die hier während des großen Pogroms unter Wenzel IV. Zuflucht suchten und alle bis auf den Letzten ermordet wurden.

In derselben Gasse befindet sich auch die Maislsynagoge mit ihren zwei Portalen, einst dreischiffig im Stile der Renaissance errichtet, und zwar auf einem Grundstück, dass der Primas der Judenstadt Mordechaj Samuel Maisl im Jahre 1590 erworben hatte. Er war wohl eine der interessantesten und geheimnisvollsten Erscheinungen im rudolfinischen Prag, eine Art graue Eminenz, die sich zwar im Hintergrund hielt, doch offenbar bei allem die Hand im Spiel hatte. Primas Maisl erhielt von Kaiser Rudolf II. nicht nur die Genehmigung für den großen Bau, sondern in Zusammenhang damit auch weitreichende Privilegien. Als Maisl 1601 starb, hinterließ er mehr als eine halbe Million Goldmünzen, von seinem Grundbesitz und dem übrigen Vermögen ganz abgesehen. Kein Wunder also, dass sich Vermutungen und Gerüchte um seine Person zu ranken begannen und

A. Lewy: Blick auf die Altneusynagoge und das jüdische Rathaus

schließlich ganze Sagen. Eine erzählt davon, wie Primas Maisl zu seinem unermesslichen Reichtum kam:

Vor vielen hundert Jahren lebte im Prager Getto der Rabbi Jicchak. Eines Abends, als er nach Hause kehrte, erstrahlte unversehens ein Glanz, als läge der Mond vor ihm auf dem Weg. Doch der Mond konnte es wahrlich sein, denn der stand am Himmel direkt über des Rabbi Haupt. Der Rabbi kommt näher und sieht, dass da ein Haufen Geld vor ihm liegt, an dem sich eine wunderliche Gestalt, nicht Mensch, nicht Geist, zu schaffen macht und sich die Münzen mit vollen Händen in die Taschen schaufelt. Der Rabbi fragte sogleich, ob er nicht auch davon nehmen könne. Doch er bekommt harschen Bescheid, dass dies Geld nicht für ihn bestimmt sei, sondern für jemand ganz anderen. Wolle der Rabbi mehr erfahren, so solle er endlich seine Tochter verheiraten. Worauf die Gestalt verschwand und mit ihr das Geld.

Als Rabbi Jicchak nach Hause kam, begann er sich den Kopf zu zerbrechen, ein Wunder, dass er nicht wirklich zerbrochen ist. Ihm war sehr wohl bewusst, dass sich ein armer Kerl um die Hand seiner Tochter bewarb, ein gelernter Schmied namens Mordechaj Maisl. Doch dem würde er seine Tochter nicht geben. Wenn aber nun jene Erscheinung gerade ihn im Sinn gehabt hätte? Was wenn der Geldberg gerade Mordechaj und der eigenen Tochter zugedacht wäre?

Jicchak quälte sich mit diesem Gedanken so lange herum, bis er beschloss, dem Glück mutig entgegen zu schreiten und in die Heirat einzuwilligen. Er richtete die Hochzeit aus, schuf für den Schwiegersohn eine kleine Schmiede im Erdgeschoss seines Hauses, das Leben nahm seinen alltäglichen Lauf, doch das Geld, das wollte sich nicht einstellen. Rabbi Jicchak wurde ungeduldig, sein Ärger wuchs mit jedem Tag und schließlich begann er dem Schwiegersohn vorzuwerfen, er habe sich in die Familie gedrängt, um an Besitz zu kommen.

Als Jicchaks Tochter ihr erstes Kind gebar, beschlossen die Eheleute wegzuziehen, denn sie waren die Seitenhiebe des ewig unzufriedenen und mürrischen Rabbi Jicchak leid. Mordechaj richtete sich eine kleine Werkstatt am anderen Ende der Judenstadt ein, und weil er ein geschickter Schmied und ehrlicher Mensch war, kam die kleine Familie allmählich zu Wohlstand. Ein zweites Kind wurde geboren, ein drittes, und es schien, als könne nichts das bescheidene, aber ruhige und glückliche Leben der Familie verändern.

Eines Tages spielten die Kinder auf dem Hof und der älteste Junge grub ein Loch. Da stieß er auf etwas Hartes. Er scharrte die Erde beiseite, musste sich aber sogleich die Hand vor Augen halten. Die anderen beiden Kinder liefen erschrocken den Vater holen, der zu seiner Überraschung eine Truhe voll Gold aus der Erde grub.

Mordechaj gab dem Schwiegervater zurück, was dieser je für ihn ausgelegt hatte, und dennoch blieb ihm so viel, dass es für eine neue Synagoge, eine Judenschule und noch vieles andere reichte. Mordechaj hat nie einem Menschen verraten, was er auf seinem Hof gefunden hatte und wie er zu seinem Vermögen gekommen war, sicher aber ist, dass er zum reichsten Mann der Stadt wurde, der hin und wieder auch Besuch vom Kaiser erhielt.

In der Gasse Am alten Friedhof (U starého hřbitova) finden wir eine weitere Synagoge, die Klausensynagoge. Den zeitgenössischen Quellen zufolge hatte Mordechaj Maisl an dieser Stelle drei kleinere Gebäude errichten lassen, die man Klausen nannte – es handelte sich nämlich um abgeschlossene Räume, vergleichbar den klösterlichen Klausen mit ihren strengen Regeln und ihrer Abkehr vom weltlichen Leben. Das erste Gebäude diente für rituelle Bäder, im zweiten befand sich eine Synagoge, das dritte beherbergte jenes berühmte Talmudseminar, an dem unter anderem auch Rabbi Löw lehren sollte. Ähnliche Synagogen entstanden später auch in anderen Städten mit größeren jüdischen Gemeinden, so in Frankfurt am Main, Hamburg und Mannheim.

1689 brannten die Gebäude der Klausensynagoge aus, wurden jedoch umgehend erneuert. 1741 wurden die Gottesdienste in der Klausensynagoge untersagt; das Gebäude diente nun als Getreidehaus. Erst als eine Art Lösegeld in Höhe von 1900 goldenen Reichstalern bezahlt war, konnte die Synagoge ihre Tore wieder für den Gottesdienst öffnen. Heute befindet sich in den Räumlichkeiten eine Dauerausstellung über jüdisches Leben und Brauchtum.

Ein Stück weiter, in der Breiten Gasse (Široká), steht die Pinkassynagoge, nach der Altneusynagoge die größte in Prag. Heute befindet sich in ihren Räumen die „Gedenkstätte der 77 297", eine Gedenkstätte für die 77 297 von den Nationalsozialisten ermordeten Juden. Ihre Namen ziehen sich in enger Schrift über die Wände des Mahnmals. Das Gebäude selbst hat allerdings auch frohere Zeiten erlebt, und insbesondere denkt man dabei an die Sage von Pinkas und dem krepierten Affen. Sie erzählt von einem armen Juden, der einst hier lebte und sich seinen Unterhalt durch den Verkauf getragener Kleider verdiente. Weil er aber ein sehr frommer Mann war, der nach Bildung strebte, las er abends oft in gelehrten Büchern. Und hin und wieder besuchte er einen reichen Mäzen, der die ganze Welt bereist hatte, seltene Pflanzen züchtete, exotische Tiere hielt und eine umfassende Bibliothek besaß. Der Reiche unterhielt sich gern mit dem armen Pinkas über alles Mögliche, und manchmal gab er ihm zum Abschied ein kleines Zubrot. Pinkas aber dankte dem Grafen nie, er sagte jedes Mal nur: „Gott, ich danke Dir." Der Graf wurde es leid, dass Pinkas ihm gegenüber nicht die geringste

Dankbarkeit bekundete und beschloss, ihn nicht mehr zu den gelehrten Disputationen zu laden. Pinkas war nun wieder ganz arm und noch dazu traurig, denn die klugen Gespräche vermisste er sehr.

Eines Tages sitzt Pinkas am Tisch und blättert in einem Buch, da fliegt das Fenster auf und jemand wirft einen toten Affen ins Zimmer. Pinkas traut seinen Augen nicht, er hebt den Affen auf, und der war wunderlich schwer. Pinkas schnitt ihm den Bauch auf und eine Fülle von Münzen kullerte daraus auf den Boden hervor. Und Pinkas wollte schon sagen: „Gott, ich danke dir", da fiel ihm ein, dass es keine schlimmere Lästerung gäbe, als einen toten Affen mit Gott anzureden. Und auch alles andere ging ihm auf. Er sammelte die Münzen ein, nahm das tote Tier und brachte dem Grafen alles zurück.

An diesem Abend unterhielten sie sich ganz wunderbar und lachten viel, als der Graf erzählte, wie der Affe heimlich eine Münze nach der anderen verschluckt hatte, den Grafen nachahmend, der manchmal durch einen Biss die Echtheit der Münze prüfte. Doch das arme Tier musste schließlich mit seinem Leben dafür bezahlen. Der Abend war fortgeschritten, Pinkas erhob sich und schickte sich an, nach Hause zu gehen. Da gibt ihm der Graf den Beutel mit all den Münzen, die der unglückliche Affe sein Leben über geschluckt hatte. Er solle es ruhig annehmen, für seine Familie als Zubrot. Und Pinkas hat schon sein „Gott, ich danke Dir" auf der Zunge, hält jedoch rechtzeitig inne und dankt dem Grafen. Seit jener Zeit waren sie unzertrennliche Freunde und blieben es auch bis zu ihrem Tod.

Einige Häuserblocks weiter, in der Stockhausgasse (Vězeňská), steht an der Stelle der früheren so genannten „Alt Schul" ein bizarres, fast exotisches Gebäude, die Spanische Synagoge, die in vieler Hinsicht am ehesten dem maurischen Stil zu

vergleichen ist – daher auch ihr Name. Heute ist hier ein Teil der Ausstellung über die Geschichte der Juden in Böhmen und Mähren untergebracht.

In der Roten Gasse (Červená), in nächster Nähe der Altneusynagoge, finden wir die Hohe Synagoge, die als einzige für die Öffentlichkeit nicht zugänglich ist. Auch sie ist mit finanzieller Unterstützung durch Primas Maisl entstanden. Mit dem jüdischen Rathaus, in dessen unmittelbarer Nachbarschaft sie sich befindet, ist sie durch innere Zugänge verbunden.

Die letzte der sieben erhaltenen Synagogen des alten Prag erwartet uns in der Jerusalemgasse (Jeruzalémská) der Prager Neustadt – die Jubiläumssynagoge. Sie hat einen dreiteiligen Portikus und ein großes Rosettenfenster mit sechseckigem Davidsstern. Diese Synagoge dient bis heute dem Gottesdienst.

28
DER ALTE JÜDISCHE FRIEDHOF
UND RABBI LÖW

A ls der gelehrte Rabbi Löw starb, wurde er auf dem Alten Jüdischen Friedhof begraben, einem der bemerkenswertesten Monumente im mittelalterlichen Prag; zugleich ist er auch eine der denkwürdigsten jüdischen Begräbnisanlagen überhaupt. Gegründet wurde der Friedhof in der ersten Hälfte des 15. Jahrhunderts, um den älteren Friedhof zu ersetzen, der hinter der Stadt gelegen war, etwa dort, wo heute die Vladislavova, die frühere Judengartengasse verläuft. Die Stadt wuchs, und als 1348 die Neustadt gegründet wurde, musste der ursprüngliche jüdische Friedhof allmählich aufgehoben werden.

Der jetzige Judenfriedhof in der Altstadt nahm 1787 den letzten Verstorbenen in seine Erde auf. Über 20 000 Grabmäler bzw. Steinplatten gibt es hier, plastisch verziert oder architektonisch gegliedert; aber auch Steintumben sind darunter. An der Ostseite grenzt die Klausensynagoge an, von Süden her schiebt sich die Pinkassynagoge in den Friedhof, ansonsten ist er durch eine mächtige Mauer von der übrigen Welt geschieden. Der älteste Grabstein stammt aus dem Jahr 1348 und gilt einem gewissen Abigdor Kar. Auch die Tumba des berühmten Mordechaj Maisl befindet sich hier und ein Stück weiter, dicht an der Mauer, die Tumba des bereits erwähnten Rabbi Jehuda Löw ben Bezalel. Er war eine der größten Persönlichkeiten in der Geschichte der Prager Judenstadt, und auf ihn geht auch das berühmte Rabbinerseminar zurück. Rabbi Löw war der Kabbala kundig, er galt als bedeutender Zauberer und Schöpfer des Golem. Noch heute kommen Dutzende Menschen, um ein Steinchen auf sein Grab zu legen und sich ehrlichen Herzens etwas zu wünschen, denn das, so glauben sie, geht bestimmt in Erfüllung.

Um Rabbi Löws Grab ranken sich viele Sagen. Eine davon berichtet, dass hier, Seite an Seite mit Rabbi Löw und seiner Frau, auch beider Sohn ruhen sollte. Der aber starb in Kolín und wurde dort begraben. Daher dachte der Enkel Rabbi Löws, dass der frei gebliebene Platz nun ihm zustünde. Die Juden aber waren sich in dieser Sache nicht einig und beschlossen, den Berufensten hierin, nämlich Rabbi Löw höchstpersönlich, um Rat zu fragen. Sie fanden sich auf dem Friedhof ein, wandten die Stirn zum Grabmal ihres berühmten Lehrers und warteten auf ein klares Zeichen. Das Grabmal begann zu stöhnen wie ein sehr alter Mensch, der die Bürde des Lebens schon nicht mehr tragen kann, und die Gruft tat sich auf – Rabbi Löw hatte seine Erlaubnis gegeben.

Als der Enkel Rabbi Löws nach ein paar Jahren starb, wurde

126

sein Leichnam hier zur Ruhe gebettet. In derselben Nacht noch hat sich die Gruft geschlossen.

Ganz offensichtlich verfügte Rabbi Löw über besondere Fähigkeiten. Und so ist es nicht weiter verwunderlich, wenn sein Leben Anlass zur Entstehung vieler geheimnisvoller Sagen gab, von seiner Brautwerbung angefangen bis hin zur Erschaffung des Golem.

Rabbi Löw soll in der alten Stadt Worms geboren sein, in eine fromme jüdische Familie hinein. Der Vater war Rabbiner und in der männlichen Linie ein Nachfahre König Davids. Der Sohn bekam nach einem Bibelvers den Namen Jehuda Löw, denn angeblich war er auf die Welt gekommen, um das jüdische Volk vor den Bedrohungen christlicher Verleumdungen und Fallen zu schützen. Als der Knabe heranwuchs, wurde er in die Fremde geschickt, um sich weiter zu bilden, und so gelangte der junge Jehuda nach Prag. Dort lernte er Perl kennen, die Tochter des Rabbi Reich Schmelke. Sie verlobten sich, Jehuda aber zog zunächst weiter nach Lublin, wo er bei einem jüdischen Gelehrten und berühmten Geistlichen seine Studien vollenden sollte. In jenen Jahren kam Schmelke durch eine unglückliche Transaktion um alles Geld und ließ Löw bestellen, dass er nicht in der Lage sei, die Mitgift für seine Tochter aufzubringen und ihn daher von dem Verlobungsverspechen entbinde. Rabbi Löw antwortete ihm, dass er auf Gottes Hilfe vertraue und eine Lösung des Versprechens für ihn nur dann ihn Betracht komme, wenn Reich Schmelke seine Tochter mit jemand anderem verheiraten würde.

Viele Jahre zogen dahin und Löw blieb seiner Verlobten treu. Er studierte, besuchte viele Städte und Länder, bis der Tag herankam, als er nach Prag zurückkehren sollte. Perl hatte sich

inzwischen einen kleinen Laden mit Lebensmitteln eingerichtet und trug auf diese Weise zum Auskommen ihrer Eltern bei. Eines Tages – durch Prag zog zu jener Zeit Militär – reitet an ihrem Laden ein Unbekannter vorbei, spießt mit dem Schwert einen Laib Brot auf und will auf und davon, als Perl aus dem Laden rennt und den Fremdling unter Tränen inständigst bittet, er möge das Brot bezahlen. Der Reiter wunderte sich, warum sie um einen Laib Brot so ein Gejammer veranstalte, und das unglückliche Mädchen erzählte ihm von ihrer verzweifelten Lage, dass sie nicht nur ihre Mitgift zusammensparen, sondern auch die alten Eltern ernähren müsse, die ganz ohne Mittel geblieben wären. Der Reiter nickt, wirft ihr einen Beutel zu und gibt seinem Pferd die Sporen. Perl aber kehrte in ihren Laden zurück, sah in den Beutel hinein und erschrak – er war voller Gold. Völlig verwirrt rannte sie nach Hause, in der ganzen Judenstadt aber erzählte man schon, dass der Prophet Elias vorüber geritten sei, der und jener hätte ihn sogar mit eigenen Augen gesehen...

Bald darauf kam Rabbi Löw nach Prag, bezog ein Haus in der Breiten Gasse (Široká), ließ sich als Zeichen seiner Herkunft an seine Tür einen Löwen mit einer Weintraube schnitzen, und nahm Perl zur Frau. Er reihte sich bald unter die angesehensten Bürger, wurde Oberrabbiner von Prag, und versah dieses Amt bis zu seinem Tod.

Das Leben Rabbi Löws war aber nicht nur ergebener Dienst an den Juden, sondern ebenso unermüdliches Studium. Nicht immer handelte es sich dabei um ausschließlich religiöse Bücher, und so wob sich um Rabbi Löw manches Rätsel und seine Schritte lagen unter manch einem geheimnisvollen Schleier verborgen. Nicht zuletzt wohl deswegen hatte Rabbi Löw auch außerhalb der Judenstadt viele angesehene und hoch gestellte Freunde. Man sagt, er sei ein häufiger Gast Rudolfs II. gewesen. Doch zuvor hatte sich etwas Merkwürdiges zugetragen:

In jenen Zeiten war das Schicksal den Juden nicht wohl gesonnen. Eine Handvoll jüdischer Kinder spielte an der Mauer, warf Steinchen und traf aus Versehen einen hohen katholischen Würdenträger, der außen gerade vorüberging. Der war darüber sehr aufgebracht und hetzte die ganze Stadt gegen die Juden auf. Es kam zum Tumult und die Nachricht von der Demütigung des Bischofs drang bis zum Kaiser hoch. Bald hieß es in der Stadt, die Juden würden in Kürze aus Prag ausgewiesen. Als Rabbi Löw davon erfuhr, eilte er sogleich zum Kaiser und wollte um Gnade bitten, doch vergebens, die Wachen ließen ihn nicht einmal auf den ersten Hof. Der Rabbi also musste eine andere Lösung ersinnen. Wenn der Kaiser für ihn nicht in den eigenen Sälen zu sprechen sei, so beschloss er, werde er ihn eben unterwegs überraschen – damals reiste der Kaiser gerade aus der Fremde zurück auf die Prager Burg. Rabbi Löw wartete an einer Furt, und als sich das kaiserliche Gespann näherte, vertrat er ihm mit erhobener Hand den Weg. Die Pferde bäumten sich, der Kutscher hielt an und der empörte Kaiser befahl, man solle den, der ihn hier am Fortkommen hindere, sofort erschießen. Doch alle Kugeln, die gefeuert wurden, verwandelten sich in kleine Blüten und ließen den Rabbi ganz und gar unversehrt. Rudolf II. sah all das an und wollte seinen Augen nicht trauen. Er stieg aus der Kutsche und fragte den Rabbi, wie um Himmels willen er dies nur zustande brächte. Rabbi Löw verneigte sich lediglich tief, übergab dem Kaiser seine Bittschrift, in der er um Anhörung ersuchte, verharrte aber auch weiterhin wie eine Salzsäule vor dem Gespann. Der Kaiser begriff, dass er einen Menschen mit außergewöhnlichen Fähigkeiten vor sich hatte und gab dem Ansuchen statt.

Am folgenden Tag legte Löw dem Kaiser dar, welches Versehen sich ereignet hatte und das dahinter nicht mehr stecke als unschuldiges Kinderspiel. Rudolf II. nahm die Verordnung zurück, in der er die Ausweisung der Juden aus Prag verfügt hatte, und seitdem war Rabbi Löw in den kaiserlichen Gemächern häufig zu Gast. Und nicht nur das, von Zeit zu Zeit konnte man in den engen Sträßchen des Gettos Rudolf II. sehen, auf dem Weg in die Breite Gasse zu Rabbi Löw. Manchmal, so sagt man, habe er sich in Begleitung seines Hofastrologen Tycho de Brahe befunden, und dann seien im Hause Rabbi Löws wunderliche Dinge geschehen...

Einmal soll es den Kaiser verlangt haben, die Söhne Jakobs leibhaftig vor Augen zu sehen. Ferne Vorfahren aus dem Grab herbeizurufen war für einen geübten Kabbalisten angeblich kein großes Problem, Rabbi Löw also stimmte zu – unter einer Bedingung: dass der Kaiser nicht lacht, wenn er den Vater der Väter erblickt.

Rudolf II. setzte sich, ein Blitz teilte den Himmel, und es zeigte sich der erste Sohn Jakobs, dann der zweite, der dritte... Der Kaiser sah alle zwölf Söhne Jakobs, die in grauer Vorzeit den zwölf Stämmen Israels ihre Namen gaben, und seine Begeisterung kannte keine Grenzen. Doch dann erschien Jakob, der Urvater, selbst, begleitet von seiner Frau Rahel. Der Kaiser betrachtete sie höchst aufmerksam und überlegte, denn von irgendwoher meinte er diese beiden zu kennen, ja, sie erinnerten ihn an das Bettlerpaar, das Tag für Tag an der Steinernen Brücke um ein Almosen flehte. Und er lachte. In diesem Augenblick zerriss den Himmel ein zweiter Blitz und die Erscheinung verschwand, das Haus erbebte in seinen Grundfesten, die Decke barst und der Rabbi hatte alle Mühe, den Kaiser aus dem Bereich der dunklen Mächte zu retten.

Der Riss in der Decke, so wird erzählt, habe sich erst am 20. Januar 1612 um Mitternacht geschlossen, und damit am Ende jenes Tages, an dem Kaiser Rudolf II. sein Leben beschloss.

29
DER GOLEM

Die wahrscheinlich bekannteste Sage, die sich auf die Prager Judenstadt bezieht, ist die Sage vom Golem. Sie existiert in ebenso zahlreichen Varianten, wie es Erzähler gibt; in einem Punkt jedoch herrscht allgemeine Einigkeit: Der Golem ist ein gewaltiges, aus Ton geschaffenes Geschöpf, ein künstlicher Mensch, ja, ein Wesen von übermenschlichen Kräften, das in bestimmten Augenblicken zum Leben erwacht. Warum das so ist, berichten die Sagen schon nicht mehr so einvernehmlich. Die meisten von ihnen gehen davon aus, dass der Golem lebendig wird, um die Juden vor einer drohenden Gefahr zu retten, aber weitaus nicht alle Erzählungen enden so.

Man schrieb das Jahr 1850, über den Juden zog sich erneut eine dunkle Wolke zusammen. Es kam zu Tumulten, und Jehuda Löw, der damals Oberrabbiner war, begriff, dass man handeln müsse. So ging er in die Synagoge, betete und erflehte Hilfe. Nach dem Gebet überließ er sich seinen Betrachtungen, und da auf einmal vernahm er folgende Worte: „Erschaffe einen Golem aus Ton und vernichte durch ihn all die, die in gegenseitigem Hass leben und die Juden gegeneinander aufhetzen."

Am nächsten Tag schloss sich der Rabbi in der Schule ein und las vom Morgen an, bis es dunkelte, in den gelehrten Büchern. Gegen Abend rief er seine beiden besten Schüler zu sich und bat, sie mögen ihm bei der Erschaffung des Golems helfen, eine solche Aufgabe nämlich verlange das Beisein der vier Elemente. So sollte der eine Schüler das Feuer verkörpern, der andere das Wasser und Rabbi Löw die Luft. Das vierte Element war im Golem selbst vertreten, denn dieser sollte aus Ton, das heißt aus Erde geschaffen werden.

 132

K. Liebscher: Altneusynagoge

Zu festgelegter Stunde begann Rabbi Löw, im Schein der Fackeln und die Psalmen rezitierend, den Ton zu kneten, bis eine riesige Gestalt daraus hervorgegangen war. Der Schüler, der das Feuer verkörperte, umschritt sie im Kreis, und der Golem erglühte rot. Dann umschritt ihn der Schüler, der das Wasser verkörperte, die rote Glut erlosch und es schien, als ob Wasser in den Körper strömte. Aus dem tönernen Kopf sprossen Haare und an den Fingerspitzen zeigten sich Nägel. Nun schritt Rabbi Löw seinen Kreis um den Golem ab und legte ihm den heiligen Schem unter die Zunge, eine kleine Pergamentrolle, auf der eine kabbalistische Formel stand. Schließlich hauchten Feuer, Wasser und Luft dem vierten Element, der Erde, Leben ein, und der Golem schlug seine Augen auf. Rabbi Löw sprach: „Erhebe dich und folge mir." Der Golem setzte sich auf, erhob sich und folgte dem Rabbi hinaus.

So wurde der Golem erschaffen, der den Frieden der Judenstadt schützen sollte. Tagsüber half der Golem auf dem Rabbinat, in der Nacht wachte er in den Gassen des Gettos über Ruhe und Ordnung. Jeder, der den Riesen aus dem nächtlichen Nebel auftauchen sah, und etwas Böses im Schilde führte, schlug sich dies sogleich aus dem Sinn.

Das Leben nahm seinen Lauf und alles schien in bester Ordnung. Der einzige Tag, an dem man dem Golem den heiligen Schem nehmen musste, war der sechste Tag der Woche, wenn die Juden Sabbat feiern. Dann sollte auch der Golem ruhen.

Rabbi Löw war stets sorgsam darauf bedacht, den Schem rechtzeitig aus dem Mund des Golem zu nehmen, doch niemand ist unfehlbar. Eines Tages vergaß der Rabbi unter der Last anderer Sorgen den heiligen Schem, und der Golem blieb auch am sechsten Tag der Woche lebendig. Das hatte schreckliche Folgen. Die entfesselten Kräfte drängten hinaus aus dem gewaltigen Tongeschöpf, der Golem vernichtete, was ihm in die Hände und unter die Füße kam. Er riss Häuser nieder, Befestigungsmauern, zerstörte, was sich auf seinem Weg zeigte. Die Menschen flohen entsetzt aus ihren Häusern zur Synagoge, damit Rabbi Löw dem Wüten ein Ende setze. Der Golem schritt schon auf das Gotteshaus zu. Der Rabbi rannte hinaus und schrie: „Golem, bleib stehen!" Das Tongeschöpf machte noch einen letzten zögernden Schritt und verharrte reglos. Der Rabbi entnahm den zauberkräftigen Schem und sah mit Schrecken auf die Schäden, die der Golem während der kurzen Zeit seines Wütens in der Stadt hinterlassen hatte. Sie waren zahlreich und groß.

Rabbi Löw war nicht nur gebildet, er war auch weise. Ihm war klar geworden, dass der Golem, vom Falschen geführt, eine große Gefahr wäre, der er vorgreifen müsse. Erneut rief er seine beiden besten Schüler zu sich, brachte den Golem an einen sicheren Ort in der Altneusynagoge und führte das Ritual der Erschaffung noch einmal aus, jedoch in umgekehrter Reihenfolge. Der Golem zerfiel zu einem Häufchen Ton, und am nächsten Morgen hieß es im Getto, er sei aus der Stadt verschwunden.

Die Jahre gingen dahin, der gelehrte Rabbi Löw starb. Die Sage aber lebte fort und hielt die Erinnerung der Menschen an den ergebenen und mächtigen Diener wach, der einst über Ruhe und Ordnung in ihrer Stadt gewacht hatte.

Viele Jahre später sollte ein junger Mann in ihren Bannkreis geraten, ein tüchtiger Schüler und Kenner der Kabbala, doch war er sehr arm und litt immerzu Mangel. Kraft und Macht des Golem faszinierten ihn so sehr, dass er beschloss, ihn wieder zu erwecken und sich mit seiner Hilfe großen Reichtum zu verschaffen. Er studierte also nur umso fleißiger, bis er sich schließlich eines Tages in der Synagoge einsperren ließ, wo Rabbi Löw einst den Golem versteckt hatte, und sich ans Werk machte. Er tat, wie geheißen, damit die vier Elemente vertreten wären und legte zum Schluss den Pergamentstreifen mit der kabbalistischen Formel in den irdenen Mund. Die Materie begann sich zu regen, der Golem tat einen Atemzug und öffnete seine Augen. Er setzte sich auf und die altehrwürdige Synagoge erbebte in den Grundfesten ihres Gemäuers. Den Studenten durchfuhr ein Schauer, er zweifelte einen kurzen Augenblick an seiner Entscheidung und seinem Tun. Doch dann gewann das Verlangen nach Besitz in ihm Oberhand und der kühne Jüngling erteilte, sich überstürzend, einen Befehl nach dem anderen, um schnell so reich wie nur möglich zu werden. Der Golem stand nach und nach auf, tat einen ersten Schritt und in der Verwirrung, welchem Befehl er nun zuerst nachkommen solle, begann er zu wanken, verlor das Gleichgewicht, stürzte auf den unglücklichen Studenten nieder und zerschmetterte ihn mit dem Gewicht seines gewaltigen Körpers. Er selbst zersprang dabei in tausend Stücke, und keiner, der sie je wieder zusammengefügt hätte.

So endete der Golem, der erschaffen worden war, um in der Judenstadt über Ruhe und Ordnung zu wachen.

QUELLEN

AUTORENKOLLEKTIV: Dějiny Prahy I/II [Geschichte Prags]. Praha – Litomyšl, Paseka 1997–98.

AUTORENKOLLEKTIV: Podivuhodné příběhy ze staré Prahy [Bemerkenswerte Geschichten aus dem alten Prag]. Praha, Odeon 1971

BEDRNÍČEK, Pavel: Příběhy pražských svatyní [Die Prager Gotteshäuser und ihre Geschichten] Praha, Volvox Globator 2002.

BILIÁNOVÁ, Popelka: Pražské pověsti [Prager Legenden]. Praha, Erika 1995.

CIBULA, Václav: Pražské pověsti [Prager Legenden]. Praha, Panorama 1983.

DOLENSKÝ, Jan: Praha ve své slávě a utrpení [Prag in seinem Glanz und Elend]. Praha, B. Kočí 1903.

HOFMAN, Alois u. Heuerová, Renate: Ze židovského ghetta [Aus dem Prager Getto]. Praha, Volvox Gobator 1996.

JEŽKOVÁ, Alena: 77 pražských legend [77 Prager Legenden]. Praha, Práh 2006.

JIRÁSEK, Alois: Staré pověsti české [Alte tschechische Sagen]. Praha, Odeon 1970.

KOŠNÁŘ, Julius: Staropražské pověsti a legendy [Altprager Sagen und Legenden]. Praha, Vincentinum 1947.

POCHE, Emanuel: Prahou krok za krokem [Schritt für Schritt durch Prag]. Praha – Litomyšl, Paseka 2001.

SVÁTEK, Josef: Pražské pověsti a legendy [Prager Sagen und Legenden]. Praha, F. Topič 1922.

TOMEK, Václav Vladivoj: Pražské židovské pověsti a legendy [Jüdische Sagen und Legenden aus Prag]. Praha, Volvox Globator 1995.

WENIG, Adolf: Staré pověsti pražské [Alte Prager Legenden]. Český Těšín, Agave 1999.

WENIG, Jan: Co vyprávěly staré pražské domy [Was alte Prager Häuser erzählten]. Praha, Panorama 1982.

INHALT

Magdalena Wagnerová

SAGEN AUS DEM ALTEN PRAG

Übersetzung Kristina Kallert
Lektorat Radovan Charvát
Technische Bearbeitung und Einscannen der zeitgenössischen
Stiche Matěj Barták
Satz und grafische Gestaltung Lucie Němcová

Erschienen bei Verlag Plot, Zeyerova alej 5, 162 00 Praha 6
als 2. Band der Edition Kořeny [Wurzeln] sowie 97. Gesamtpublikation
Druck Těšínské papírny, s.r.o.
Erste Auflage
Praha 2014

ISBN 978-80-86523-85-9

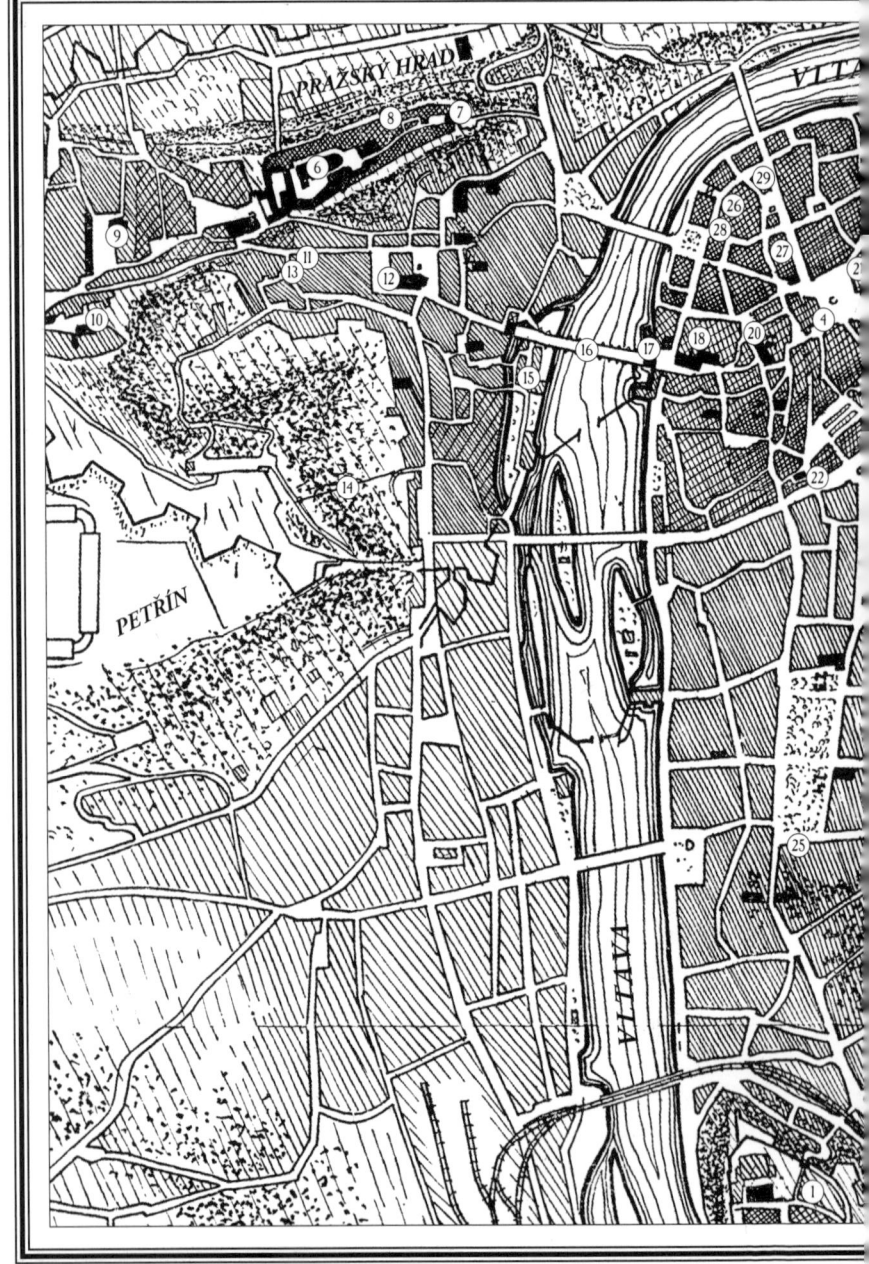